As sete chaves
da Oração
da Serenidade

Dados Internacionais de Catalogação na Publicação (CIP)
(Câmara Brasileira do Livro, SP, Brasil)

Mayer, Roberto C.
   As sete chaves da Oração da Serenidade / Roberto C. Mayer ; prefácio de Padre Harold Joseph Rahm e apresentação de Mara Silvia Carvalho de Menezes. – Petrópolis, RJ : Vozes, 2019.
   Bibliografia.
   ISBN 978-85-326-6008-4
   1. Orações 2. Paz de espírito – Aspectos religiosos – Espiritualidade Pluralista 3. Serenidade 4. Espiritualidade Pluralista I. Rahm, Harold Joseph. II. Menezes, Mara Silvia Carvalho de. III. Título.

18-22304   CDD-248.86

Índices para catálogo sistemático:
1. Paz de espírito : Espiritualidade Pluralista   248.86
2. Serenidade : Espiritualidade Pluralista   248.86

Maria Alice Ferreira – Bibliotecária – CRB-8/7964

Roberto C. Mayer

As sete chaves da Oração da Serenidade

Prefácio de Padre Harold Joseph Rahm, SJ e
Apresentação de Mara Silvia Carvalho de Menezes

Petrópolis

© 2019, Editora Vozes Ltda.
Rua Frei Luís, 100
25689-900 Petrópolis, RJ
www.vozes.com.br
Brasil

Todos os direitos reservados. Nenhuma parte desta obra poderá ser reproduzida ou transmitida por qualquer forma e/ou quaisquer meios (eletrônico ou mecânico, incluindo fotocópia e gravação) ou arquivada em qualquer sistema ou banco de dados sem permissão escrita da editora.

CONSELHO EDITORIAL

Diretor
Gilberto Gonçalves Garcia

Editores
Aline dos Santos Carneiro
Edrian Josué Pasini
Marilac Loraine Oleniki
Welder Lancieri Marchini

Conselheiros
Francisco Morás
Ludovico Garmus
Teobaldo Heidemann
Volney J. Berkenbrock

Secretário executivo
João Batista Kreuch

Editoração: Maria da Conceição B. de Sousa
Diagramação: Sheilandre Desenv. Gráfico
Revisão gráfica: Fernando Sergio Olivetti da Rocha
Capa: Ygor Moretti
Ilustração de capa: Cat_arch_angel | Shutterstock

ISBN 978-85-326-6008-4

Editado conforme o novo acordo ortográfico.

Este livro foi composto e impresso pela Editora Vozes Ltda.

Sumário

Prefácio, 7

Apresentação, 9

Introdução, 11

Agradecimentos, 13

I – Origens e autoria da Oração da Serenidade, 15

II – A Oração da Serenidade, 20

III – Serenidade, 28

IV – Aceitação, 40

V – Coragem, 46

VI – Sabedoria, 54

VII – Força, 68

VIII – Fé, 78

IX – Alegria, 84

X – Além da Oração da Serenidade, 91

XI – Epílogo, 109

Apêndice A – Espiritualidade e ateísmo, 113

Apêndice B – Os limites da razão, 116

Bibliografia comentada, 121

Índice, 125

Prefácio

Parabéns ao Sr. Roberto Mayer por escrever as seguintes páginas com tanto conteúdo e sabedoria. Trata-se da história sobre *As sete chaves da Oração da Serenidade*, a oração primordial nos grupos de apoio de Alcoólicos Anônimos (AA), Narcóticos Anônimos (NA) e Amor-Exigente (AE).

A Oração da Serenidade pode ser aplicada no judaísmo, cristianismo, budismo, hinduísmo e islamismo, e, de fato, em qualquer outra religião.

Durante a tempestade, no Mar da Galileia, os discípulos estavam apavorados quando viram Jesus caminhando sobre as águas. Então Pedro disse: "Mande que eu vá andando em cima da água até onde o Senhor está". "Venha!" E Pedro começou a andar em cima da água. Em seguida ficou com medo e começou a afundar. Gritou: "Socorro, Senhor!" Imediatamente Jesus estendeu a mão e segurou Pedro (Mt 14,28-31). A Oração da Serenidade também nos segura em qualquer ocasião ou tempestade.

Quando rezamos a Oração da Serenidade com plenitude, aprendemos a pensar de maneira nova. Aprendemos a fazer perguntas que nos afastam de nosso passado destrutivo e nos guiam em direção a um futuro produtivo.

Pedro ficou com medo e esqueceu que a vida com Cristo era nova e tinha um futuro diferente e cheio de alegria.

Serenidade é ter calma interior em meio às desigualdades da vida. Isso inclui aprender a se contentar com aquelas coisas em nossa vida que não podem ser modificadas.

Quando pensamos em fazer mudanças em nossa vida talvez descubramos que estamos dando muita ênfase aos defeitos do nosso caráter; porém, devemos pensar também em nossas virtudes.

"Eu sou o Alfa e o Ômega, o Princípio e o Fim. A quem tem sede darei água para beber, da fonte da água viva" (Ap 21,3-6). Este texto do nosso Deus Único pode ser bem-aplicado à Oração da Serenidade.

Harold Joseph Rahm, SJ
Janeiro de 2018.

Apresentação

Roberto Mayer, competente e estudioso voluntário, há anos atuando nos grupos de apoio do Amor-Exigente (AE), teve a brilhante ideia de nos transmitir, por meio deste trabalho, suas observações que poderão nos ajudar a compreender com clareza os valores e virtudes da espiritualidade em nossos grupos.

A Oração da Serenidade é tão utilizada e reproduzida nos grupos de autoajuda, incluindo o nosso querido AE, que muitas vezes acabamos por repeti-la mecanicamente. Quando isso acontece, perdemos a oportunidade de contemplar sua verdadeira beleza e profundidade. Por isso, este livro pode se tornar um amplo e bem-vindo mapa para o vasto território espiritual que se esconde por trás de nossa oração.

A primeira estrofe da oração é recitada apenas nos Grupos de Amor-Exigente. Ela é uma contribuição de José Roberto – interno na Fazenda do Senhor Jesus, de Campinas, fundada por Padre Haroldo – e foi incluída nos anos de 1980, quando começaram a se multiplicar nossos grupos, porque precisávamos nos conscientizar do quanto éramos mais fortes juntos, especialmente se nos reuníssemos para auxiliar uns aos outros a conseguir atingir o alvo.

Agora, com a abordagem baseada nas "sete chaves da Oração da Serenidade", meu amigo Roberto nos conduz pelos principais conceitos espirituais, numa visão pluralista e livre, que acolhe a crença de cada pessoa.

Além da própria SERENIDADE, são merecedores de um capítulo específico os conceitos de ACEITAÇÃO, CORAGEM, SABEDORIA, FORÇA, FÉ e ALEGRIA. Ao longo do texto somos lembrados repetidamente que a espiritualidade só faz sentido quando aplicada na prática, para vivermos cada vez melhor.

Afirmo com convicção que o desenvolvimento espiritual de cada pessoa, quando vivenciado em nossos grupos, traz a compreensão, a paz e o respeito tão necessários para orientar as famílias que buscam apoio no Amor-Exigente, assim como são essenciais para a união e harmonia entre os líderes a serviço de suas comunidades.

As sete chaves da Oração da Serenidade veio para fortalecer nossa espiritualidade e ajudar no bom funcionamento de todos os tipos de grupo de apoio, além das organizações que coordenam as atividades desses grupos e da sociedade em geral.

Em vez de esperar que alguém lhe traga flores, por que não plantar seu próprio jardim?

Fortalecer nossa espiritualidade, colocar-nos nas mãos de Deus e servir uns aos outros em nosso grupo de apoio é como ter as flores de nosso próprio jardim...

Vamos em frente com *As sete chaves da Oração da Serenidade!*

Mara Silvia Carvalho de Menezes
Janeiro de 2018.

Introdução

A Oração da Serenidade é rezada em voz alta por todos os participantes de cada reunião semanal dos grupos de Alcoólicos Anônimos, Narcóticos Anônimos, Amor-Exigente, além de vários outros. Assim, ela é pronunciada algumas centenas de milhões de vezes a cada ano.

Muitas vezes, porém, essa repetição da Oração da Serenidade se torna quase mecânica, o que resulta na ausência de reflexões mais profundas a respeito de seu significado.

Alguns autores já escreveram sobre a Oração da Serenidade. Nenhum deles, porém, partiu da premissa da **espiritualidade pluralista**, que permite que seus ensinamentos sejam aplicados por membros de todas as religiões, sem distinção, e até mesmo por aqueles que não seguem nenhuma religião.

Este texto pretende contribuir para preencher essa lacuna, sem por isso deixar de se aprofundar no seu significado.

Agradecimentos

A produção de qualquer texto, embora de iniciativa de um autor, não é possível sem o apoio, o estímulo e a cooperação de muitas outras pessoas.

Correndo o risco de omitir os nomes de algumas dessas pessoas, registro a seguir alguns agradecimentos individuais. As omissões, se houver, são de minha responsabilidade.

A Padre Harold Joseph Rahm, SJ, fundador do Amor-Exigente, carinhosamente chamado de Padre Haroldo, pelas oportunidades de diálogo inter-religioso, suas observações perspicazes e sua contribuição com o prefácio.

A Mara Silvia Carvalho de Menezes, cofundadora do Amor-Exigente, pelas longas horas de conversa e incentivo, inúmeras sugestões na organização e melhoria do conteúdo, além de sua contribuição com a apresentação.

Às voluntárias de Amor-Exigente Gilza Toledo Barbosa e Gisela Trojbicz Petraru, pela revisão gramatical e ortográfica do texto.

A Sonia Carvalho La Femina, por ter sido a mentora de minha "imersão" no Amor-Exigente, sem a qual a inspiração para a criação deste texto jamais teria acontecido.

Roberto Carlos Mayer
Janeiro de 2018.

Anedotas, histórias, parábolas, fábulas

Ao longo do texto apresentamos dezenas de caixas de texto como esta, contendo elementos do maior número possível de culturas e religiões, de forma separada do texto principal. Destacamos estas caixas de texto por meio de linhas grossas de separação (tal como neste parágrafo).

O título de cada caixa de texto é precedido pelo sinal 🕯. O uso simbólico da vela é inspirado no seu objetivo de ilustrar ou iluminar as explicações do texto.

Logo abaixo do título indicamos a fonte de inspiração de cada texto. Os textos originais são indicados pelo símbolo 🕯🕯🕯.

Entretanto, essas anedotas, histórias, parábolas, fábulas e frases também podem servir como material para momentos de espiritualidade durante as reuniões de grupos de apoio mútuo, como Alcoólicos Anônimos (AA), Narcóticos Anônimos (NA) e Amor-Exigente (AE), entre outros.

Frases em destaque

Ao longo do texto também incluímos uma diversidade de

𝓕rases em destaque.

🕯🕯🕯

Estas são seguidas de indicação do seu respectivo autor, ou, quando criadas pelo autor, marcadas com o mesmo símbolo 🕯🕯🕯, usado para identificar as histórias originais.

I
Origens e autoria da Oração da Serenidade

De acordo com a Wikipedia não existe consenso sobre as origens e a autoria da Oração da Serenidade.

O teólogo protestante estadunidense Reinhold Niebuhr (1892-1971) reivindicou para si a autoria da oração. Ele declarou que a escreveu como introdução a um sermão sobre cristianismo prático.

Porém, ele mesmo acrescentou dúvidas à sua reivindicação quando declarou: "Naturalmente, é possível ter havido algo parecido durante anos ou mesmo séculos, mas eu não penso assim. Acredito honestamente ter escrito a oração".

Segundo alguns investigadores das origens dessa oração, sua primeira forma teve origem na antiguidade romana; a obra *Os seis defeitos do homem*, do filósofo romano Cícero, cita explicitamente a tendência humana de se preocupar com coisas que não podemos mudar ou corrigir.

Outros vão ainda mais longe, atribuindo sua autoria a antigos textos sânscritos, ao filósofo grego Aristóteles, ao bispo cristão do século IV Santo Agostinho, ao teólogo, filósofo e padre dominicano do século XIII Santo Tomás de Aquino, e até mesmo ao filósofo holandês de origem judeu-portuguesa do século XVII Baruch Spinoza.

A forma mais antiga da oração identificada pelos membros de Alcoólicos Anônimos se encontra no texto do filósofo romano Boécio (480-524), autor do livro *Consolações da filosofia*.

Bill Wilson (1895-1971) fundou Alcoólicos Anônimos em 1935. De 1940 a 1960 contou com a profícua amizade e colaboração do padre jesuíta Edward Dowling (1898-1960), cuja influência foi decisiva para a inclusão da espiritualidade no Programa de Doze Passos.

Em 1941, durante a Segunda Guerra Mundial, a oração apareceu num anúncio na seção de anúncios fúnebres do jornal *New York Herald Tribune*, com estas palavras:

> *M*other-God grant me the serenity to accept things I cannot change, courage to change things I can, and wisdom to know the difference. Goodbye.

Anúncio fúnebre no
New York Herald (1941).

Que traduzimos ao português:

> *M*ãe-Deus, concede-me a serenidade para aceitar coisas que eu não posso mudar, coragem para mudar coisas que eu posso e sabedoria para entender a diferença. Até logo.

🕮 🕮 🕮

Ao ver este anúncio, um membro de Alcoólicos Anônimos que trabalhava no escritório central em Nova York sugeriu que essas linhas fossem impressas em pequenos cartões de visita para serem incluídos em todas as correspondências emitidas pelo escritório.

Com uma velocidade surpreendente, a Oração da Serenidade alcançou uso geral e tomou seu lugar junto às orações favoritas, igualando-se e superando as orações do Pai-nosso e de São Francisco.

Dessa forma, uma oração que ninguém sabe ao certo de onde surgiu, impressa numa simples notícia sobre o falecimento de uma pessoa desconhecida, tornou-se uma prece de uso diário por milhares de membros de Alcoólicos Anônimos em todo o mundo, e posteriormente foi adotada por diversas outras irmandades e grupos de apoio mútuo.

Depois da Segunda Guerra Mundial, um professor universitário do norte da Alemanha, Dr. Theodor Wilhelm, o qual deu início ao renascimento espiritual na Alemanha Ocidental, disse ter obtido a breve oração de um soldado canadense. Ele escreveu um livro no qual incluiu a oração sem mencionar seu autor. O resultado disso foi o aparecimento da oração em diversos lugares diferentes, tais como vestíbulos de quartéis, escolas e outras instituições. Para complicar, esse professor alemão ainda resolveu adotar o pseudônimo de Friedrich Oetinger, cuja participação na história da oração vem a seguir.

Em julho de 1964, a revista *Grapevine*, publicada pelos Alcoólicos Anônimos em inglês, nos Estados Unidos, recebeu o recorte de um artigo escrito em Paris pelo correspondente do jornal *Herald Tribune* em Koblenz, na Alemanha Ocidental, que relatava que "no saguão ligeiramente sombrio de um hotel usado ilegalmente, com vista para o Rio Reno, em Koblenz, há uma tabuleta com estas palavras":

> Deus, dai-me a imparcialidade para aceitar as coisas que não posso modificar; a coragem para alterar as coisas que posso alterar e a sabedoria para distinguir umas das outras.
>
> *Friedrich Oetinger*

O correspondente atribuiu essas palavras ao pietista* Friedrich Oetinger (1702-1782).

Após a morte do já citado Reinhold Niebuhr, sua esposa afirmou, numa entrevista, que ela não tinha dúvidas de que seu marido era definitivamente o autor da oração. Ela afirmou ter visto o papel onde ele a escreveu pela primeira vez.

Além disso, lembrando que hoje existem muitas versões diferentes em uso, afirmou que seu esposo usava e preferia a seguinte redação:

> Deus, dai-me a graça de aceitar com serenidade
> as coisas que não podem ser modificadas,
> coragem para modificar as coisas que podem
> ser modificadas e sabedoria para distinguir
> umas das outras.
>
> *Reinhold Niebuhr*

Em 1975, uma funcionária do Escritório de Serviços Gerais de Alcoólicos Anônimos em Nova York, Anita R., folheando alguns volumes numa livraria de Nova York, encontrou um belo cartão, luxuosamente adornado, no qual estava impresso:

> Deus Todo-poderoso, nosso Pai Celestial,
> dai-nos serenidade para aceitar o que não
> deve ser modificado, coragem para modificar
> o que deve ser modificado e sabedoria para
> distinguir uma coisa da outra, por Jesus
> Cristo, Nosso Senhor.
>
> *Autor desconhecido*

---

* Pietista é o nome dado aos partidários do piatismo, um movimento de intensificação da fé nascido na Igreja Luterana alemã no século XVIII.

O cartão tinha vindo de uma livraria da Inglaterra, chamava a prece de Oração do General e informava ter aparecido no século XIV. Alguns anos depois, em 1979, o berlinense Peter T. enviou para o escritório central de Nova York um material capaz de jogar por terra a autenticidade da autoria da oração no século XVIII. Da mesma forma, acrescentava dúvidas sobre a origem daquela placa em Koblenz.

Apesar dos muitos anos de pesquisa a cargo de um grande número de estudiosos de origens e formação diversas, a exata origem da Oração da Serenidade continua envolta num véu de mistério.

Sempre que um pesquisador parece ter encontrado a fonte definitiva, outro surge para refutá-lo e, ao mesmo tempo, acrescentar novos e intrigantes detalhes.

Existem, ainda, outras reivindicações da autoria da Oração da Serenidade e, não há dúvida, outras descobertas virão no futuro. Portanto, ao menos em nossos dias, conseguir descobrir a origem definitiva dessa oração parece uma ilusão.

É crucial concluirmos observando que todas essas pesquisas históricas, desafios e mesmo mistérios que cercam a oração se tornam praticamente insignificantes quando comparados com o fato de que, há quase oito décadas, a Oração da Serenidade está profundamente enraizada no coração, na alma, na mente, no viver e na filosofia de Alcoólicos Anônimos, de modo que alguém menos avisado poderia pensar que essa oração tenha se originado da própria experiência de Alcoólicos Anônimos.

Seu fundador Bill Wilson enfatizou isso anos atrás num agradecimento a um amigo por uma placa na qual estava escrita a oração, ao afirmar que "na construção de Alcoólicos Anônimos, a Oração da Serenidade foi o mais valioso tijolo do edifício; de fato, foi a pedra angular".

E essa pedra foi tão valiosa e fundamental, que seu uso acabou se estendendo a todas as demais irmandades de Anônimos e ao Amor-Exigente.

Na atualidade, a cada dia, dezenas de milhares de reuniões de grupos de apoio mútuo, no mundo todo, usam a Oração da Serenidade.

II
A Oração da Serenidade

Início da oração

Nos grupos de Amor-Exigente, a Oração da Serenidade inicia com a frase:

> *E*u seguro minha mão na sua, e uno meu coração ao seu, para que juntos possamos fazer aquilo que sozinho não consigo.
>
> *Amor-Exigente*

Este preâmbulo é uma contribuição de um interno de nome José Roberto, da Fazenda do Senhor Jesus, em Campinas, fundada pelo Padre Haroldo como parte da sua obra de apoio à recuperação de dependentes químicos.

Sua inclusão tem por objetivo nos conscientizarmos do quanto somos mais fortes quando deixamos de agir sozinhos, especialmente quando nos reunimos para auxiliar uns aos outros a conseguir atingir o alvo.

A importância do grupo de apoio mútuo é tanta que, para muitos de seus participantes, termina por se transformar em comunidade íntima.

Essa noção de comunidade íntima é lembrada pela frase do Padre Haroldo, que diz: "Por melhor e mais eficiente que eu seja, jamais serei tão eficiente quanto todos nós juntos".

Essa intimidade é comprovada pelo fato de que os membros do grupo se tratam como membros de uma mesma família. No próprio Amor-Exigente, abreviado AE por muitos frequentadores, é comum o uso do termo "FamíliAE".

A assembleia das ferramentas

Fábula de autor desconhecido.

Há muito tempo, em uma carpintaria, quando todo o trabalho havia acabado, as ferramentas começaram a conversar entre si. Elas discutiam para saber qual delas era a mais importante para o carpinteiro.

O martelo começou:

– Certamente sou eu o mais importante para o carpinteiro! Sem mim os móveis não ficariam de pé, porque eu tenho que martelar os pregos!

O serrote logo quis dar a sua opinião:

– Você, martelo? Você não pode ser! Seu barulho é horrível! É ensurdecedor ficar ouvindo toc, toc, toc... O mais importante sou eu, o serrote! Sem mim o carpinteiro não serraria a madeira! Eu sou o melhor!

Então falou a lixa:

– Não, não e não! Eu sim sou a melhor! Se não fosse por mim, os móveis não seriam tão lisinhos e perfeitos! Eu sou a mais importante!

Disse então a plaina:

– Ah! Mas não é mesmo! Sou eu quem deixa tudo retinho, e tiro as imperfeições da madeira. Eu sim sou a indispensável...

Então se manifestou a chave de fenda:

– Tsc, tsc, tsc... Nada disso! Se não fosse eu, como o carpinteiro iria apertar os parafusos? Eu sim sou a melhor!

Então o esquadro disse:

– Ah, não! Que absurdo! Eu sou o mais importante! Sem mim os móveis ficariam todos tortos! O carpinteiro nem saberia a medida. Certamente eu sou o mais importante!

E assim as ferramentas ficaram discutindo até o dia amanhecer.

Quando o carpinteiro chegou para trabalhar, colocou sobre a mesa a planta de um móvel e começou a trabalhar. Ele usou todas as ferramentas: o serrote, o martelo, o esquadro, a lixa, a plaina, os pregos, a chave de fenda, a cola e o verniz para deixar o móvel brilhando.

Ao fim do dia de trabalho, o carpinteiro concluiu o móvel. Ele estava cansado, porém feliz com o que tinha feito. Seu trabalho com as ferramentas tinha ficado ótimo!

Então ele foi para a sua casa, e as ferramentas voltaram a conversar. Só que agora elas ficaram admirando o trabalho que tinham feito todas juntas.

Sabe qual o móvel que elas tinham construído? Um lindo púlpito para uma igreja!

Então as ferramentas chegaram a esta conclusão: todas eram importantes aos olhos do carpinteiro! Ele tinha usado todas elas, sem se esquecer de nenhuma! E o resultado tinha ficado lindo!

Assim, as ferramentas descobriram que, quando todas trabalham juntas, tudo fica melhor!

*S*ozinhos estamos perdidos. Em comunidade encontramos nossa força!

Amor-Exigente

A parte central da oração

A parte central da oração é a mesma em todos os grupos de ajuda mútua, incluindo Alcoólicos Anônimos (AA), Narcóticos Anônimos (NA), Amor-Exigente (AE) e todos os demais grupos Anônimos:

> Concedei-me, Senhor, a serenidade necessária para aceitar as coisas que não posso modificar, coragem para modificar as que eu posso e sabedoria para distinguir umas das outras.
>
> *Alcoólicos Anônimos*

Essa frase nos lembra que, diante das adversidades, sempre temos duas alternativas:

1) há adversidades que **não podem** ser superadas pelas nossas ações, e

2) há aquelas cuja superação **depende apenas de nossas ações**.

A parte central da Oração da Serenidade também pode ser entendida como um grande resumo do esforço que devemos desenvolver para vencer a nós próprios e aprender a exercer a nossa vontade por meio da aplicação de quatro virtudes ou comportamentos básicos essenciais à aquisição do equilíbrio e da harmonia com o mundo em que vivemos. Essas quatro virtudes são, respectivamente, a serenidade, a aceitação, a coragem e a sabedoria.

O que é uma oração?

Adaptado de mensagem de autor desconhecido.

A oração não acontece simplesmente quando nos ajoelhamos ou colocamos nossas mãos juntas e nos concentramos, esperando pelas coisas de Deus.

- Quando você pensa positivamente e deseja o bem para os outros, isto é uma oração.
- Quando você abraça um amigo, isto é uma oração.
- Quando você cozinha algo para alimentar a família e os amigos, isto é uma oração.
- Quando dizemos aos nossos entes próximos e queridos, "Manuseie com cuidado" ou "Cuide-se", isto é uma oração.
- Quando você está ajudando alguém em necessidade, dando seu tempo e energia, isto é uma oração.
- Quando você perdoa alguém de coração, isto também é uma oração.

A oração é uma vibração, um sentimento e um pensamento. É a voz do amor, da amizade e dos relacionamentos genuínos.

A oração é uma expressão do nosso ser espiritual.

Final da oração

No Amor-Exigente a Oração da Serenidade é encerrada com a declaração

*F*orça, fé e alegria!

Amor-Exigente

Apesar de se tratar de apenas três palavras, elas englobam um segundo conjunto importante de recomendações do Amor-Exigente para nossa conduta.

Ainda é importante observar que essa parte final da oração conclui com um ponto de exclamação, indicando que a pronúncia delas deve ser reforçada quando a Oração da Serenidade é pronunciada em voz alta.

A lição das brasas

Fábula inspirada em crônica de Paulo Coelho.

Esta história ilustra a importância de permanecermos nas irmandades e grupos de apoio.

Um membro de um determinado grupo, ao qual prestava serviços regularmente, sem nenhum aviso deixou de participar de suas atividades. Após algumas semanas o líder daquele grupo decidiu visitá-lo.

Era uma noite muito fria. O líder encontrou o homem em casa sozinho, sentado diante da lareira, onde ardia um fogo brilhante e acolhedor. Adivinhando a razão da visita, o homem deu as boas-vindas ao líder, conduziu-o a uma grande cadeira perto da lareira e ficou quieto esperando. O líder acomodou-se confortavelmente no local indicado, mas não disse nada.

No silêncio que se formara, apenas contemplava a dança das chamas em torno da lenha ardente. Ao cabo de alguns minutos, o líder examinou as brasas que se formavam, selecionou com cuidado a mais incandescente de todas elas e a empurrou para o lado.

Voltou então a sentar-se, permanecendo silencioso e imóvel. O anfitrião prestava atenção a tudo, fascinado e quieto. Aos poucos a chama da brasa solitária diminuiu, até que houve um brilho momentâneo e ela se apagou de vez.

Em pouco tempo, a mais brilhante das brasas havia se transformado em um pedaço de carvão negro, frio e morto, recoberto por uma espessa camada de fuligem.

Nenhuma palavra tinha sido dita desde o protocolar cumprimento inicial entre os dois amigos.

O líder, antes de sair, manipulou novamente o carvão frio e inútil, colocando-o de volta no meio do fogo. Quase que imediatamente ele tornou a incandescer, alimentado pela luz e calor dos carvões ardentes em torno dele.

Quando o líder alcançou a porta para partir, seu anfitrião disse:

– Obrigado por tua visita e pelo belíssimo sermão. Estou voltando ao convívio do grupo, Deus te abençoe!

Esta história ilustra dois aspectos diferentes: para os membros dos grupos, ela lembra que cada um faz parte da chama, e que longe do grupo eles perdem completamente seu brilho. Em segundo lugar, ela ressalta a responsabilidade dos líderes em manter acesa a chama de cada grupo, promovendo a união entre todos os seus membros, para que o fogo do grupo seja realmente forte, eficaz e duradouro.

Lembre-se, sempre, que a brasa fora do braseiro se apaga.

É em grupo que o ser humano consegue brilhar mais!
E você? Em qual grupo brilha?

As sete chaves

Neste texto tratamos das quatro virtudes contidas na parte central e as três palavras finais como um único conjunto, denominando-o de "as sete chaves da Oração da Serenidade"*.

As "sete chaves" são, portanto: a (1) serenidade, a (2) aceitação, a (3) coragem, a (4) sabedoria, a (5) força, a (6) fé e a (7) alegria.

A seguir, dedicamos um capítulo específico para cada uma delas.

III
Serenidade

A serenidade também é chamada de "paz de espírito". Diante da realidade que o ser humano enfrenta, a busca da paz pode ser entendida de duas maneiras: a primeira consiste em interpretá-la como satisfação plena das necessidades materiais, enquanto que a segunda é focada nos valores espirituais.

Entretanto, não é difícil perceber que a busca da paz pela aquisição de coisas do mundo material é praticamente impossível; esse caminho leva a atitudes como apego, posse, poder, riqueza e prazer. Achar que esse caminho possa estar sob nosso controle é uma ilusão; sempre haverá ganhos e perdas, porque nele existe necessidade contínua de competir com outros indivíduos. A lógica garante ser impossível que todos saiam vencedores nessa competição o tempo todo. E ao vivenciar as frustrações e dores que nos são impostas por essa competição, obtemos sofrimentos, desequilíbrios psicológicos e doenças físicas e mentais.

Para quem trilha esse caminho, a felicidade consiste em breves momentos de trégua durante os quais, **aparentemente**, os problemas estão resolvidos.

Entretanto, aqueles seres humanos que focam nos **valores espirituais** podem adquirir a paz de espírito. Do ponto de vista espiritual, os problemas do mundo real são apenas **oportunidades de aprendizado e conquista**.

Atingir a serenidade **não significa** viver com **total ausência de problemas, obstáculos ou adversidades**, mas reconhecer que **as di-**

ficuldades são oportunidades para progredirmos em nosso **aprendizado** e obtermos **iluminação interior**.

O segundo aspecto importante dessa postura é que as oportunidades de progresso estão sob o controle de cada um; nesse caminho, cada um de nós precisa apenas competir consigo mesmo.

Para que possamos evoluir como indivíduos é necessário sermos melhores hoje do que fomos ontem; e amanhã sermos ainda melhores do que hoje.

Essa evolução é lembrada nos grupos de Amor-Exigente a cada reunião, quando a pergunta "Como vai você?" é respondida: "Cada vez melhor!"

Isso não significa que o caminho espiritual seja fácil: a luta diária do ser humano é para vencer a si mesmo, domando aquilo que chamamos de más inclinações, tendências inferiores, tentações etc.

É por isso que a saudação no Amor-Exigente é complementada com a pergunta: "Que dia é hoje?", que é respondida com: "É o primeiro dia da minha nova vida". Tendo ou não conseguido nos superar, essa resposta nos lembra que o dia de hoje nos apresenta uma nova oportunidade.

Dessa forma, a Oração da Serenidade nos apresenta uma receita para a **felicidade relativa**, pois aponta para o caminho da paz de espírito.

Serenidade e psicologia

Segundo o psiquiatra e terapeuta brasileiro Flavio Gikovate (1943-2016), "a serenidade corresponde a um estado de espírito no qual nos encontramos razoavelmente em paz, conciliados com o que somos e temos, com nossa condição de humanos falíveis e mortais".

Ele ainda complementa: "é claro que tudo isso depende de ter atingido uma razoável evolução emocional e mesmo moral; não convém nos compararmos com o que são ou têm as outras pessoas, não é bom nos revoltarmos com o fato de não sermos exatamente como gostaríamos; conciliados com nossas limitações, podemos usufruir cada uma das potencialidades que temos da melhor maneira possível".

A receita da felicidade "real"

Lenda de autor desconhecido.

Conta uma antiga lenda que um rei, desejando saber qual era a receita da felicidade, mandou chamar um sábio que lhe deu um livro com apenas duas páginas, dizendo-lhe:

– Neste livro está inserida toda a receita para a felicidade e o resumo de toda a sabedoria. Quando estiveres aflito, desesperado, pressionado pelo mundo, não encontrando o caminho a ser percorrido, abre este livro e lerás a primeira página apenas. Assim também, quando estiveres sentindo a necessidade de compartilhar tua alegria e felicidade com o mundo, em função de teus sucessos, abre o livro para ler a segunda página.

E assim foi feito!

Numa certa ocasião, o rei se encontrava encurralado em batalha com o país vizinho, prestes a perder tudo o que tinha, colocando em risco a sorte de seu povo. Não sabendo o que fazer, lembrou-se do sábio, pegou o livro e leu a primeira página. Lá estava escrito:

Isso passa!

Enchendo-se de esperança, o rei conseguiu recuperar-se de seu estado depressivo, trabalhou com afinco, deu a volta por cima das adversidades e conseguiu superar a situação, voltando a trazer harmonia para seu povo.

Anos depois, o rei estava feliz por ter conseguido vencer e resgatar a prosperidade de seu povo. Desejava compartilhar sua alegria com todos à sua volta, e se lembrou novamente do sábio. Então pegou o livro e leu a segunda página. Lá estava escrito:

Isto também vai passar!

Moral da história: a felicidade não é um ponto de chegada, não é um momento fugaz, mas o sentimento que devemos ter pela oportunidade de percorrer o caminho continuamente.

Serenidade e o Poder Superior

A serenidade não é como a paz aconchegante dos cobertores que desaparece quando alguém os tira de nós.

A serenidade também não é a paz que nos traz o ar fresco e a brisa envolvente que existe perto das montanhas e que se desfazem quando nos afastamos dela.

A serenidade também não é como a paz do aconchego e do carinho que se esvaem quando o ente querido que nos acarinhava se afasta de nós.

Serenidade é, antes de tudo, um estado de espírito que nasce e cresce **dentro de cada um de nós**. Portanto, ela não depende nem pode depender do mundo exterior, nem de outras pessoas, nem de outras coisas.

Assim, a paz de espírito de cada um de nós – a minha, a sua serenidade – não pode ser tomada e perturbada por nenhuma pessoa nem por nada que aconteça neste mundo.

A paz de espírito é uma dádiva que recebemos do Poder Superior* e, portanto, ninguém além dele poderá tomá-la de volta!

Sempre que você estiver em dúvida, lembre-se:

---

* No Amor-Exigente, assim como em diversas irmandades de anônimos, usamos o nome "Poder Superior" para designar as forças transcendentais que ultrapassam a compreensão humana. Padre Haroldo usa frequentemente a expressão "Divina Majestade", cunhada com o mesmo objetivo por Santo Inácio de Loyola (1491-1556), fundador da Ordem dos Jesuítas.

A serenidade está comigo e é minha; faz parte de minha vida, do meu dia a dia.

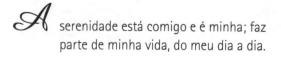

Serenidade e medos

A paz, no mundo físico, é tida como a ausência de guerras ou a ausência de conflitos. Ainda que estejamos vivendo num ambiente de paz desse tipo, todo ser humano possui uma tendência a sentir medo.

Provavelmente não existe um ser humano que jamais tenha sentido:

- medo de ser rejeitado;
- medo de não ser reconhecido;
- medo de errar;
- medo de fracassar;
- medo de ficar doente;
- medo de perder coisas e bens materiais;
- medo de perder pessoas amadas;
- medo de perder sua fonte de sustento;
- medo de passar por dificuldades financeiras;
- medo de perder a vida;
- e muitos outros tipos de medo.

Não deveríamos realmente temer a maioria desses medos nem outros, como uma consulta de rotina ao dentista, medo de fazer uma apresentação em público, medo de um determinado tipo de inseto ou medo de uma determinada sensação corporal.

Mesmo sabendo, racionalmente, que não devemos temer coisas tão "pequenas", não conseguimos evitar o sentimento. Ele se torna problemático quando nos impede de fazer escolhas positivas ou de viver no presente.

Esses medos, que são criados por insegurança, por experiências de insucesso, de perda, de vergonha ou de autoestima diminuída, podem nos levar a paralisar ações importantes e significativas para a nossa vida.

A serenidade, como paz de espírito, nos permite deixar de abrigar esses sentimentos de temor em nossa vida, permitindo que esses medos não turbem nem perturbem nossos corações.

Tratamos de técnicas específicas para superar esses medos na seção "Como desenvolver a coragem", no capítulo V, sobre a coragem.

A causa dos males

Quando confrontados com tragédias como a de pais que perderam filhos para uma doença maligna, ou pais que desejavam muito ter um filho e acabam por ter uma criança com graves deficiências físicas ou mentais, somos levados a questionar por que essas coisas acontecem.

Pensar que se trata de um castigo é cruel e desumano. Manifestar isso a esses pais só aumenta o sofrimento deles, porque lhes estaremos atribuindo culpa.

Pensar que essas tragédias ocorrem porque as pessoas estão sendo testadas também é uma reação comum.

Ambas as reações, entretanto, pressupõem que a pessoa que está fazendo esse julgamento da razão dos males conhece as intenções do Poder Superior contidas nesses fatos, o que certamente não é possível a qualquer ser humano.

Outro tipo de reação comum é pensar que se neste mundo em que vivemos há tanta maldade, então o Poder Superior não é bom, não se importa com o que se passa neste mundo ou não existe. Mesmo neste último caso é possível agir espiritualmente, como descrito no "Apêndice A – Espiritualidade e ateísmo".

Muitos textos religiosos, incluindo a Bíblia, citam que a riqueza espiritual só é possível após um período de sofrimento, que pode ser compreendido como um processo de purificação. Como seres humanos racionais, podemos questionar: Não haveria um método alternativo para promover o desenvolvimento da personalidade do ser humano?

A resposta a essa pergunta, entretanto, só cabe a quem concebeu o mundo em que vivemos – nós não somos responsáveis por essa concepção. Assim, embora as verdadeiras razões estejam além da capacidade de nossa compreensão, não há outro meio de se obter desenvolvimento.

Por outro lado, é importante observar que a compreensão do sofrimento como um processo de crescimento não reduz a dor para a maioria das pessoas e não elimina a raiva e amargura que o sofrimento gera.

O que devemos esperar é que, após o sofrimento agudo ter diminuído ou cessado, possamos aceitá-lo como necessário para nosso crescimento espiritual.

É muito comum ouvirmos depoimentos de adictos em recuperação parecidos com isto:

> Quando perdi meu casamento/emprego, pensei que meu mundo tinha acabado. Senti uma dor terrível, que me levou a ser rebelde e contestador. Passei a acreditar no Poder Superior apenas como objeto de minha raiva e amargura. Por que Ele está fazendo isso comigo? O que Ele quer de mim?
>
> Somente agora, após x anos de sobriedade, consigo entender que Ele estava tirando de mim aquelas coisas das quais eu não tinha o bom-senso de me livrar. Examinando o passado com lucidez, vejo que o que eu tinha não era o melhor para mim. Agora voltei a trabalhar/estudar... casei. Sou feliz e muito mais saudável do que aquilo que eu jamais seria antes.
>
> As coisas nem sempre são fáceis para mim agora. Decepções ainda existem. Mas a sabedoria que adquiri após tudo o que passei me ajuda a entender que, assim como fui incapaz de ver o bem nesses acontecimentos, que na época me pareciam terríveis, talvez agora eu es-

teja interpretando erroneamente como perda algo que um dia perceberei ter sido o melhor para mim.

Os males segundo o espiritismo

No capítulo III do livro *A gênese*, de Allan Kardec (1804-1869), fundador do espiritismo, publicado originalmente em francês, em 1868, ele aborda o mal e suas causas em detalhes.

Ele começa classificando os males que afligem a humanidade, incluindo os físicos e morais, em duas categorias: a dos males que o homem pode evitar, e a daqueles que lhe independem da vontade.

Essa distinção se assemelha à classificação proposta na Oração da Serenidade, que nos leva a separar "as coisas que não posso modificar" daquelas que "eu posso".

Kardec complementa afirmando que, se o ser humano se dedicar a pesquisar a razão de ser e a utilidade de cada coisa, descobrirá que os males trazem o "sinete* da sabedoria infinita", mesmo quando a causa desses males ainda não seja compreensível para nós.

Analisando os males que independem da vontade dos homens, como é o caso dos flagelos naturais, Kardec afirma que usando a inteligência o ser humano consegue atenuar, quando não eliminar, muitos dos efeitos deles, por meio do desenvolvimento científico.

Como exemplos dessa capacidade humana ele cita o processo de saneamento de regiões insalubres, a imunização contra doenças por meio de vacinas, os processos de irrigação e fertilização de terras áridas, os esforços para preservar terras baixas de inundações e a construção de casas que permitem se abrigar das intempéries.

---

* Sinete é um pequeno objeto metálico, muito popular nos séculos XVI a XVIII, usado como assinatura do proprietário e/ou responsável por uma organização, para selar e autenticar documentos e cartas, moldando um brasão ou outro símbolo; geralmente, em cera.

Segundo Kardec, o avanço continuado da civilização já permitiu que os flagelos se tornassem menos desastrosos para a humanidade, e é possível que chegue o dia que possam ser completamente evitados.

Dessa forma, ele afirma que, embora os flagelos, no presente, ainda causem danos à humanidade, sua utilidade consiste em permitir ao ser humano usar a capacidade recebida de Deus para "lhes paralisar os efeitos". Essa capacidade consiste no progresso técnico e científico, que permite a melhora gradativa das condições de vida da humanidade.

Essa visão de progresso técnico e científico coincide com a interpretação rabínica do relato bíblico da criação, quando afirma que o mundo foi criado de forma imperfeita, para que o homem tenha a possibilidade de aperfeiçoar o mundo a cada dia.

O hino do Amor-Exigente cita essa "força criadora" nos dois últimos versos da última estrofe:

*Foi Deus que nos criou à sua imagem,
legando-nos sua força criadora.*

Edna Maciel Vilarinho (1986)

Kardec conclui a sua análise do progresso afirmando que, se não existisse nenhum mal, nós humanos não teríamos necessidade de separar o bem do mal, nosso espírito se entorpeceria por inatividade e nada inventaríamos nem descobriríamos.

*A dor é o aguilhão que impele o homem para
frente, na senda do progresso.*

Allan Kardec

No final do capítulo de Kardec acima citado, ele nos alerta para o fato de que os males mais numerosos são aqueles criados pelo próprio homem em função de seus defeitos, o que inclui o orgulho, o egoísmo, a ambição, a cobiça e os excessos.

Segundo Kardec, são esses defeitos próprios do ser humano a causa das guerras e suas consequências, dos desentendimentos, das injustiças, da opressão dos fracos pelos mais fortes e da maior parte das doenças.

Qual lobo você quer alimentar?

Adaptado de fábula atribuída aos índios Cherokees.

Um velho índio disse a seu neto:

– Filho, há uma batalha entre dois lobos dentro de todos nós.

– Um é o Mal. É a raiva, a inveja, a ganância, o ressentimento, a inferioridade, as mentiras e o ego.

– O outro é o Bem. É a alegria, o amor, a esperança, a humildade, a bondade, a empatia e a verdade.

O garoto pensou sobre aquilo e perguntou:

– Qual lobo ganha?

Ao que o velho respondeu:

– Aquele que você alimentar!

Os males e Carl Jung

Carl Jung (1875-1961) foi um psiquiatra suíço, fundador da psicologia analítica. Jung ajudou a popularizar termos como "arquétipo", "ego" e a existência de um "inconsciente coletivo". Seu trabalho influenciou, além da psicologia, trabalhos de antropologia, filosofia e teologia.

Ao analisar os padrões da personalidade e comportamento que compõem as singularidades de cada indivíduo, Jung conclui que eles são o resultado da maneira única como cada pessoa opta por utilizar suas capacidades mentais. Por exemplo, a extroversão e a introversão são atitudes opostas que determinam como cada indivíduo divide sua energia entre o mundo externo e o seu mundo interno.

Outro conceito introduzido por Jung é o chamado "inconsciente coletivo". Ele afirma que "assim como o corpo humano representa um 'museu de órgãos', cada um com um longo período evolutivo por trás dele, devemos esperar que a mente também estivesse organizada dessa forma".

Segundo Jung, o inconsciente coletivo é o centro de todo aquele material psíquico que não surge a partir da experiência pessoal, mas que parece ser compartilhado com pessoas de outras épocas e às vezes até de outras culturas*.

Ainda, Jung afirma que a nossa *persona* é a aparência que apresentamos ao mundo: o personagem que nós assumimos perante a sociedade, incluindo nossos papéis sociais, as roupas que vestimos, nossa forma de falar etc. Todos os indivíduos passam necessariamente por essa adaptação.

A *persona* pode ser crucial para o desenvolvimento da personalidade; para sabermos quem somos de verdade, nosso ego não pode se identificar com o papel que desempenhamos, o que nem sempre ocorre. Quando passamos a acreditar de verdade na "máscara" ilusória da *persona*, tendemos a ter problemas de identidade; por exemplo, causados pelo preconceito cultural e a rejeição social a certos personagens.

Numa entrevista feita em 1960, Jung observou que a palavra "felicidade" perderia seu significado se não fosse equilibrada por um

---

* Ao incentivar os participantes a buscar suas "raízes culturais", o Amor-Exigente trabalha na conscientização dessa herança psíquica. Analogamente, o "inventário pessoal" proposto no "Programa de Doze Passos" pode ser interpretado como estímulo para avaliar essa herança.

pouco de tristeza. "É compreensível que busquemos a felicidade e evitemos os momentos de pouca sorte", explicou. "Mesmo assim, a razão nos ensina que essa atitude não é razoável e o melhor seria encarar as coisas conforme elas surgem, com paciência e tranquilidade."

E concluímos com uma de suas frases mais famosas:

> Aqueles que não aprendem nada sobre os fatos desagradáveis de suas vidas forçam a consciência cósmica a que os reproduza tantas vezes quanto seja necessário, para aprender o que ensina o drama do que aconteceu. O que negas te submete. O que aceitas te transforma.
>
> *Carl Jung*

Agora passamos para a aceitação, tema do próximo capítulo.

IV
Aceitação

No dicionário, "conformismo" é sinônimo de "passividade". A definição diz que conformismo é "o comportamento ou tendência de se conformar, de aceitar, sem se opor, uma situação indesejada".

Essa definição induz a confusão entre aceitar e se conformar, para a qual a Oração da Serenidade nos alerta ao afirmar que devemos buscar apenas a **aceitação das coisas que não podemos mudar**. Isto significa que a aceitação não pode ser entendida como um convite à inércia ou inação.

Essa aceitação é precedida pela serenidade, porque sem serenidade não há aceitação capaz de fazer com que eu aceite as coisas que não posso modificar, porque não dependem de mim.

Portanto, a serenidade põe ordem na minha mente, para que eu possa compreender o que os outros estão dizendo, para que eu possa aceitar as pessoas e as coisas como elas são; para escutar o que os outros dizem, sem contestações; para aceitar tanto o mal quanto o bem.

Tudo começa pela aceitação de si mesmo, pelo conhecimento de si próprio, pela luta para vencer a ilusão do orgulho, da vaidade, do egoísmo, do apego e pela decisão de caminhar vivendo as experiências do mundo com sabedoria.

Para exemplificar, vamos refletir a respeito de pessoas que nunca conseguem encontrar um parceiro ou parceira fiel para um relacionamento afetivo estável.

A grande maioria das pessoas que enfrentam essa dificuldade é insegura, com baixa autoestima e, muitas vezes, carências afetivas profundas.

Embora essas pessoas não tenham a compreensão completa do que se passa com elas, essas dificuldades são o resultado de alguma vivência anterior. Por exemplo, podem ter vivido uma infância com falta de afeto dos pais ou terem tido pais com problemas em seu relacionamento.

Quando essas pessoas começam a se relacionar amorosamente, apegam-se tanto à outra pessoa, que terminam por sufocá-la. Esse sentimento de sufoco leva o parceiro a se sentir "prisioneiro", e para reconquistar seu equilíbrio, uma saída é a traição.

A maioria dessas pessoas "sufocadoras" possui pensamentos que as fazem sofrer por antecipação. Elas pensam que perderão a pessoa amada, questionando-se: "Será que minha/meu namorada/o vai me querer mesmo? Não posso perder ela/ele, já que é tudo para mim; não consigo viver sem essa pessoa..."

Esse exemplo, tão comum, é capaz de gerar situações pessoais dramáticas. Para superá-las é necessário **aceitar** determinadas partes da experiência de vida e utilizar do autoconhecimento e da transformação interna para buscar um novo equilíbrio, o que certamente não pode ser chamado de conformismo ou resignação.

Aceitação não é conformismo

Observamos primeiramente que a aceitação está relacionada com o passado; ela nos desafia a lidar com o irreversível. Não importa o quanto se deseje voltar atrás e mudar o passado, isso simplesmente é impossível.

Adotarmos o conformismo, entretanto, afeta nosso futuro. Ao decidir por não tentar nada diferente do que já fazemos, negamos qualquer possibilidade de mudança. Mesmo sendo possível reverter uma situação que não nos agrada, optamos por não agir. Ou seja, o conformismo implica passividade, resignação e desistência de lutar por um futuro melhor. Geralmente se opta por copiar o modo de agir e de pensar da maioria.

A aceitação exige esforço consciente para enfraquecer o remorso que sentimos pelos erros que cometemos e dissolver as mágoas pelos erros que outros tenham cometido conosco. Não se trata de esquecer esses sentimentos: as coisas que precisamos aceitar são tão fortes que é impossível esquecê-las. Por isso, aceitar é muitas vezes um processo doloroso que nos exige aplicar o perdão, tanto conosco mesmos como com os outros. Perdoar, portanto, pode ser um grande desafio, principalmente quando temos de aplicá-lo a nós mesmos.

Sabendo que não nos é possível mudar o passado, a única coisa que nos resta é mudar nossa atitude a partir de agora. Isso nos remete a uma famosa frase do psiquiatra austríaco Viktor Frankl (1905-1997): "quando não formos mais capazes de mudar uma situação somos desafiados a mudar a nós mesmos".

Talvez a morte de uma pessoa querida seja uma das coisas mais difíceis de aceitar; vemo-nos obrigados a lidar simultaneamente com sentimentos de ausência, saudade e arrependimento. Nesses momentos, o "nunca mais" torna-se verdade e precisamos aceitar que só nos restam memórias e lembranças.

Seja como uma aranha

Meu amigo me disse:

– Seja como uma aranha.

– O que você quer dizer com isso? Eu não entendi!

Vocês precisam saber que esta semana foi para mim uma das mais difíceis da minha vida, depois de, na semana passada, ter perdido meu pai.

Também houve um pedido da minha empresa para me mudar para Austin, no Texas. Assim, precisei refletir sobre uma decisão tão importante na minha vida durante a primeira semana de luto.

Como filho único, fui confrontado pela primeira vez com a criação do meu futuro sem o conselho, apoio ou mesmo a presença de meu pai. Tem sido assustador, para dizer o mínimo.

Eu poderia me perder numa grande dúvida, mas estou cercado e abraçado pelo grande amor das pessoas que fizeram contato comigo e me falaram de seu coração. É um pequeno punhado de pessoas que me tocaram profundamente de tal maneira, que não posso descrever corretamente em palavras.

E assim posso voltar ao conselho de meu amigo, que me disse para ser como uma aranha. Ele completou, apontando para uma teia de aranha que eu não tinha observado no alto da minha sala:

– Toda aranha tece a melhor teia que pode e dedica a ela muito cuidado. Ser como uma aranha significa tecer sua melhor e mais bela rede a cada vez, sem expectativas, mas segura em seu propósito.

Esta metáfora foi para mim muito útil. Sou grato aos meus amigos que me tocaram, cada um a sua maneira única, durante esta semana tão difícil. Estou crescendo através disso. Muito obrigado!

E você? Como tece a sua teia?

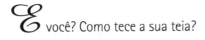

Outro grande desafio é aceitar que não podemos controlar o mundo ao nosso redor, dificuldade que se manifesta com muita frequência nas pessoas que convivem com adictos. Ao descobrir que nem tudo resulta do jeito que imaginamos, somos vítimas de um enorme sentimento de frustração. Desperdiçamos muita energia tentando controlar o incontrolável, simplesmente por não conseguir aceitar que a vida tem um alto grau de imprevisibilidade.

Conformar-se é muito mais fácil do que aceitar, porque é simples convencermos a nós mesmos das falsas desculpas que criamos para justificar por que não temos a vida que sonhamos. Quando caímos nesse erro adoramos alimentar a ilusão de que não há nada que possamos fazer para melhorar.

Se você não enxerga isso em si mesmo, pense em quantas pessoas que estão infelizes com suas carreiras profissionais usam a idade como desculpa para não recomeçar em outra atividade. Ou avalie quantos anos de vida são desperdiçados por casais que vivem em relacionamentos fracassados por "culpa dos filhos". Ou naquelas pessoas que sonham viver numa praia mas moram na cidade porque "é lá que os empregos estão".

Portanto, se queremos nos modificar para melhor, o primeiro passo consiste em encontrar nossas próprias falsas desculpas. Para mudar precisamos remover as barreiras que nós mesmos criamos, e assim superarmos a armadilha de confundir aceitação com conformismo.

Os principais sintomas dessa confusão são o desperdício de tempo construindo falsas desculpas, a relutância em aceitar o que realmente não podemos mudar e a facilidade com que desistimos de agir para mudar aquilo que poderíamos mudar.

A vida é como o mar

Inspirado em texto do movimento The Sun Jar.

Uma parábola adequada para compreender a diferença entre conformismo e aceitação surge da comparação da vida com o mar.

Quando estamos navegando pela vida é necessário aceitarmos que não podemos controlá-la, da mesma forma que a tripulação de um navio não consegue controlar o mar.

Da mesma forma, é necessário aceitarmos que não é possível voltar para trás em nossa viagem para navegar novamente por cima de nenhuma daquelas ondas que já passaram.

E mais, se ao longo da viagem você deixar cair algum objeto no mar, ele o leva embora para sempre. Parar nossa viagem para procurar reencontrar esse objeto é tempo perdido.

Ainda assim, não devemos desistir de comandar o nosso navio!

Não devemos viver à deriva apenas porque descobrimos que o mar é incontrolável.

Viver à deriva equivale a se conformar, a desistir de descobrir nossos próprios caminhos e traçar nosso próprio destino.

Cuidado com os vendedores de ilusões!

Lenda de origem muçulmana atribuída a Nasrudin.

Acredita-se que Nasrudin, um filósofo e sábio popular muçulmano, tenha vivido ao longo do século XIII em Akshehir, cidade que fica na atual Turquia. Ele é lembrado por meio de milhares de histórias que lhe são atribuídas pela cultura popular. Elas se caracterizam pela combinação de um humor sutil com uma natureza pedagógica.

Eis aqui uma destas histórias:

Certa vez, Nasrudin estava na praça do mercado conversando com as pessoas. Em determinado momento ele anunciou:

– Amigos deste lugar! Vocês querem conhecimento sem dificuldade, verdade sem falsidade, realização sem esforço e progresso sem sacrifício?

Logo havia uma multidão em sua volta gritando:

– Queremos, queremos!

Então, Nasrudin disse:

– Eu também. Podem confiar em mim, contarei a vocês tudo a respeito... Caso algum dia eu descubra algo assim.

V
Coragem

Ao pedirmos coragem por meio da Oração da Serenidade expressamos nosso desejo de dispor de confiança, perseverança e força interior suficientes para ultrapassar todas as circunstâncias difíceis que nos são apresentadas.

O fato de que nosso pedido de coragem é dirigido para o Poder Superior significa que admitimos tratar-se de uma força superior a nós mesmos.

Coragem não deve ser confundida com egocentrismo ou egoísmo; ao contrário, a coragem nos permite saber que não nos é possível modificar o mundo exterior sozinhos, mas saber que podemos modificar nosso mundo interior!

Assim, a coragem não é uma exaltação do ego ou da nossa personalidade individual. Ela não é um ato de afoiteza, de ousadia ou de arrojo, como muitas vezes é descrita no terreno militar.

A Coragem da Oração da Serenidade exige de nós uma moral forte, já que ela vem do Poder Superior. Nosso pedido de **coragem é saber pedir ajuda**; o Poder Superior manifesta essa ajuda através da consciência coletiva.

Assim, a coragem pode ser construída com ajuda de outra pessoa, porque ela pode ser alguma coisa que eu não estou apto a fazer sozinho.

*P*erseverar num grupo de apoio é um ato de coragem.

Coragem como antídoto à incerteza

Para o psiquiatra Flavio Gikovate, a coragem serve como antídoto à incerteza. Ele afirmava que o fato de não termos conhecimento nem controle sobre o nosso destino após a morte e nem das coisas – boas e más – que nos acontecerão ao longo dos anos que ainda viveremos nos provoca uma sensação de **desamparo e insignificância**, com a qual temos de conviver em todas as fases da vida.

Assim, as **pessoas que lidam mal com essa incerteza se tornam controladoras, ciumentas** e vivem tentando "encolher" suas experiências com o objetivo de diminuir as chances de sofrimento. Tornam-se, portanto, pessoas pessimistas e acovardadas.

Para que essas pessoas possam ser mais felizes, elas precisam se modificar, deixando de viver sempre atormentadas e com permanente medo em relação ao futuro.

Ou seja, para **lidar bem com a incerteza é necessário nos tornarmos criaturas fortes**. Aqui, "forte" significa ter a **capacidade de tolerar bem as frustrações e as dores da vida**.

*O*s fortes "montam no cavalo" porque sabem que, se caírem, terão força suficiente para se levantarem e montarem novamente.

Flavio Gikovate

Os fortes são otimistas e mais ousados, o que não lhes tira a capacidade de discernir os riscos. Precisamos saber que em cada rodada do jogo da vida é possível ganhar ou perder.

Para aprendermos a lidar bem com o fato de que nosso futuro é desconhecido podemos ainda aprender a curtir a incerteza, pois é justamente essa condição que faz da vida uma aventura rica, fascinante e um tanto perigosa.

Devemos passar a entender isso como uma coisa boa, aceitando que essa é a vontade das forças maiores que nos cercam, forças que podem ser pressentidas, mas que não se revelam para nós, ao menos em vida, pois se isso acontecesse a incerteza desapareceria.

Pessoas mais corajosas são mais livres e vivem mais o presente. Elas são mais capazes de se envolverem completamente em suas atividades do momento, dedicando a elas um grau de atenção plena. Nessa condição, não apenas a vida flui, mas esse estado de plena concentração é um dos importantes ingredientes da felicidade. Corresponde, até certo ponto, ao estado de meditação proposto pelo budismo.

*S*ó existem dois dias no ano nos quais você
não pode fazer NADA pela sua vida: ontem e
amanhã.

Dalai Lama

Ainda mais, dessa forma **nossa espiritualidade evolui para a humildade diante das coisas que não podemos controlar**, mesmo aquelas que poderão nos causar grande dano.

Quando o destino nos surpreende negativa e irremediavelmente, só nos cabe a "doce" aceitação dos fatos; esta atitude nos permite metabolizar mais rapidamente a dor.

Não devemos confundir essa forma de evolução com o estado de resignação, que consiste em aceitarmos condições nas quais deveríamos lutar para alterar o resultado final de um acontecimento.

🕯 Dança do ventre sem braço

História inspirada na vida de uma pessoa que pediu para se manter no anonimato.

Alice (nome fictício) teve o braço esquerdo amputado aos 15 anos de idade por conta de um câncer. Ainda assim, ela encarou todos os seus medos até se tornar professora de dança do ventre.

Ao se apresentar pela primeira vez diante de uma plateia, é normal que o artista sinta medo. No caso dela, quando encarou o palco pela primeira vez para um *show* de dança do ventre, não foi diferente:

"Esta é uma arte sensual, que usa muito os cabelos e os braços. Como o público encararia a minha deficiência? E, para piorar, eu ainda sou quase careca", brincou Alice, que foi aplaudida de pé naquele dia.

Para chegar até o dia de sua primeira apresentação, Alice teve que vencer muitos medos. Ela ainda teve de lidar com a falta de incentivo de um antigo namorado, que a desencorajava.

Tudo começou a mudar com o empurrãozinho de uma amiga, que indicou um curso, e também o apoio do atual marido. Assim, ela criou coragem e se matriculou para fazer aulas de dança do ventre. "Então eu percebi que a dança vem de dentro para fora, que o importante dessa arte é mostrar o que você está sentindo, não importa o seu corpo", disse ela.

Ao fim da primeira apresentação, Alice foi aplaudida de pé, e hoje ela tem sua própria academia de dança do ventre.

Como desenvolver a coragem

Quando uma pessoa assume uma posição diferente da habitual ou tenta algo que não considerava possível, dizemos que ela **se superou**.

De acordo com Luciano Vicenzi, administrador e professor, autor do livro *Coragem para evoluir*, a coragem surge quando aceitamos enfrentar nossos desafios, sejam lá quais forem. Desafios podem ir desde uma única volta em uma montanha-russa até uma mudança radical nos rumos da carreira profissional.

Para conseguir derrotar o medo e assumir posturas antes inimagináveis é necessário administrar as próprias emoções, conforme a psicoterapeuta Maria de Melo, autora do livro *A coragem de crescer*. Segundo ela, "a coragem vem de dentro, do mais profundo da gente. Ela exige estrutura de personalidade, alma forte".

A seguir, apresentamos algumas dicas para desenvolver a coragem, com base nos textos acima citados.

Conhecer a si mesmo: antes de ter coragem para tomar uma atitude é preciso saber o que de fato é importante para nós. Só depois disso poderemos assumir novas posturas para atender exclusivamente àquilo que realmente nos importa. Não devemos desenvolver coragem para superar desafios que não servem para nós.

Observar os próprios sonhos: muitos dos nossos desejos e vontades, muitas vezes inconscientes, podem estar sendo "anunciados" em nossos sonhos. Estes são, portanto, um instrumento importante como fonte de conhecimento sobre partes mais difíceis de acessar nossa personalidade.

Entender nossos medos: compreender as bases dos próprios medos é o primeiro passo para vencê-los, e assim criar coragem. "Uma pessoa corajosa não é quem não tem medo, mas alguém que não se deixa paralisar por ele", comenta Vicenzi. Certo nível de receio é normal diante de grandes desafios, mas as pessoas corajosas se mantêm firmes em suas decisões.

Separar realidade e fantasia: muitas vezes os medos são gerados a partir de uma ameaça física, como, por exemplo, o medo de pular de paraquedas, ou por uma ameaça psicológica, como pode ser o medo de mudar radicalmente a carreira, ou o medo de não ser aceito pela família de um novo parceiro amoroso. Muitas vezes esses medos existem somente em nossa mente; ou seja, são baseados somente em crenças, suposições e fantasias. Entender se esses medos são reais ou imaginários é essencial para vencê-los e criar coragem necessária para agir.

Anotar e comparar: colocar os medos no papel ajuda a identificar o que realmente deve ser considerado uma preocupação e a deixar de lado as meras suposições. Essa é uma técnica muito boa para separar os fatos das fantasias.

Ser humilde: a coragem exige, antes de tudo, reconhecer nossas próprias dificuldades. Sem essa qualidade, provavelmente cairemos na tentação de culpar exclusivamente os outros por nossos problemas e medos, não nos enxergando como os únicos responsáveis por nossa falta de coragem.

Mudar de posição: coragem equivale a assumir uma mudança de postura. Isso significa rever nossas atitudes, reconhecer nossos erros e nos reposicionarmos. Precisamos avaliar a cada dia se o que estamos fazendo é algo que nos afasta dos nossos objetivos. Se a resposta for positiva, devemos pensar no que precisamos mudar para sair dessa situação.

Assumir alguns riscos: coragem não é garantia de sucesso. Ter coragem também significa assumir riscos. Esses riscos, porém, devem ter sido objeto de nossa avaliação. Não devemos correr riscos sendo descuidados ou tendo a pretensão de ignorar ou minimizar o perigo. A coragem tem clareza, enxerga os riscos e, por isso, é prudente. Maria de Melo alerta, no entanto, que "a prudência, se passar do ponto, é um medo disfarçado, o que pode nos tornar covardes".

Observar por outros ângulos: enxergar as coisas a partir de vários ângulos nos ajuda a entender situações e sentimentos com mais clareza, o que certamente contribui na criação da coragem necessária para mudar. Questione-se, faça o exercício de pensar "por outro lado". "Entender o que lhe prejudica vale muito para você se compreender e se consertar", observa Maria de Melo.

Conversar sobre o assunto: procurar um grupo de pessoas que já tenham passado pela mesma situação também é uma boa maneira de conhecer mais sobre o assunto e nos inspira a criar a coragem necessária para nos decidirmos pela mudança. Este é mais um benefício de participarmos de um grupo de apoio mútuo.

Experimentar: muitas vezes, o medo aparece em função do desconhecido. Quando isso acontece, dá aquele "frio na barriga" antes de começar uma atividade, mas depois ela passa a fluir. Pense, por exemplo, naquela pessoa que tem medo de água, mas dá o primeiro passo e se inscreve em um curso de natação, substituindo a crença do "Será que eu consigo" para "Eu vou experimentar".

Dar o primeiro passo sozinho: por mais incentivo que se receba da família, dos amigos, do terapeuta e/ou de grupos de apoio, o ato de criar coragem é uma atitude pessoal e intransferível. O primeiro passo é sempre uma iniciativa individual.

É por meio da vontade de mudar que criamos coragem!

Coragem de buscar o eu essencial

Muitas pessoas desejam escutar sem precisar questionar.

Por mais que possa parecer estranho, há um número expressivo de indivíduos que desejam escutar coisas terríveis, como promessas de sofrimentos, castigos infernais, futuros de miséria, merecimentos de angústias, justificativas para seus sofrimentos atuais. Essas pessoas desejam justificativas para se colocarem na situação de vítimas ou de culpadas. Certamente elas encontram algum tipo de conforto ou prazer nesse tipo de discurso. Caso contrário, não recorreriam a ele.

Para outras pessoas, seus desejos focam em mundos mágicos nos quais tudo está organizado de forma a dar satisfação a seus interesses. Esse tipo de pessoa gosta de receber elogios e de perseguir fantasias de poder, mas não admite ser contrariada.

Causa-nos estranheza que pessoas adultas e maduras escolham viver em nuvens de algodão, não vivenciando a realidade com os pés firmes no chão.

Também há pessoas que alternam suas posições entre esses dois grupos, ora desejando ouvir a voz da tirania, ora a voz sedutora de um mundo fantasioso.

Qual é a reação dessas pessoas diante de uma voz discordante, que traga uma mensagem autêntica, que nem aterroriza nem vende sonhos dourados? Na maioria das vezes elas acabam recusando, evitando, ignorando, agredindo, temendo, expulsando e descartando essas vozes discordantes.

Isto se deve ao fato de que as pessoas crescem submetidas a sistemas de crenças que não são autênticos e não se preocupam em buscar sua autenticidade.

Esses sistemas têm por objetivo escravizar as pessoas e transformá-las numa engrenagem a mais de uma complexa e conturbada máquina social.

Assim, ao reagir para permanecer "fiel" a esses sistemas de crenças, as pessoas se afastam de seu *eu essencial*.

*N*ada muda se EU não mudar!

Amor-Exigente

VI
Sabedoria

A sabedoria, segundo o dicionário, é o conhecimento adquirido a partir da experiência sobre algo ou alguém. Graças à capacidade humana da linguagem e seu registro escrito, o ser humano é o único ser vivo capaz de reutilizar a sabedoria adquirida por outros da sua mesma espécie.

Por isso, a verdadeira sabedoria humana traz a humildade em sua essência: para sermos sábios é indispensável, por exemplo, escutar aos outros, aprender das suas experiências, estudar, ler e beber da sabedoria daqueles que nos antecederam.

> Os sábios aprendem com os erros dos outros, os tolos com os próprios erros e os idiotas não aprendem nunca.
>
> Provérbio chinês

Ao pedir sabedoria ao Poder Superior, pedimos oportunidade de aprendizado, que podemos adquirir por meio dos livros e da interação com o próximo, baseada no uso da linguagem.

Sabedoria é sermos tolerantes e nos esforçarmos para compreender os outros, para que dessa forma possamos elevar nossa capacidade de discernimento a um nível que não seria possível atingirmos por nós mesmos, agindo de forma isolada, apenas com base em nossa experiência individual.

Sabedoria também pode ser descrita como a compreensão da verdade das coisas. Assim, a sabedoria é, acima de tudo, verdadeira.

*S*abedoria e inverdades jamais combinam!

Ela também inclui a virtude da prudência; cada um de nós precisa distinguir se aquilo que é bom para nós no momento presente também será o melhor, no futuro, para as demais pessoas.

Portanto, a sabedoria está muito próxima daquilo que também chamamos de "bom-senso" ou discernimento.

Ela está mais alinhada à busca de compreender do que ser compreendido, amar mais do que ser amado. Em suma, sabedoria é receber... dando.

Médicos sábios

Inspirado em texto de Abraham Twerski.

Vamos pensar na reação de um médico ao pedido de um paciente para consultar outro profissional sobre o seu caso, logo após um diagnóstico.

Alguns médicos reagem a esse tipo de pedido como se tivessem sido insultados ou se o paciente estivesse desconfiando deles ou de sua competência. Às vezes, eles sugerem ao paciente que, se ele não gosta como seu caso está sendo conduzido, que procure outro médico.

Médicos desse tipo às vezes aceitam opiniões de terceiros após algum tempo, mas somente se elas virem de renomados profissionais de uma faculdade de medicina ou instituto de pesquisa. Conselhos advindos de pessoas iguais ou inferiores a eles são interpretados como humilhação.

Já outros médicos não veem nenhum problema em consultar colegas, porque estão cientes de que, independentemente de seus conhecimentos e experiências profissionais, são apenas seres humanos falíveis e que, portanto, outros profissionais podem saber algo que eles não saibam, ou notar alguma característica do caso diagnosticado que eles não tenham percebido. Seja para o seu próprio aprimoramento ou em benefício dos seus pacientes, esses médicos sempre estão dispostos a aprender.

Moral da história: o verdadeiro sábio caracteriza-se não pela extensão de seus conhecimentos, mas por sua disposição para aprender tudo o que puder, seja com quem for. Dessa forma, ele não apenas amplia seus conhecimentos, como também fortalece sua autoestima.

Até com as formigas

A humildade da verdadeira sabedoria permite que pessoas verdadeiramente sábias possam aprender inclusive com animais e plantas.

Até as pequenas e aparentemente irrelevantes formigas são usadas como exemplo, nesse sentido, em diversos textos.

A própria Bíblia cita as formigas no Livro de Provérbios, atribuído ao Rei Salomão, como um exemplo do valor do trabalho:

> *V*ai ter com a formiga, ó preguiçoso, considera os seus caminhos, e sê sábio; a qual, não tendo chefe, nem superintendente, nem governador, no verão faz a provisão do seu mantimento, e ajunta o seu alimento no tempo da ceifa. Ó preguiçoso, até quando ficarás deitado? Quando te levantarás do teu sono? Um pouco para dormir, um pouco para

tosquiar, um pouco para cruzar as mãos em repouso; assim te sobrevirá a tua pobreza como um ladrão, e a tua necessidade como um homem armado.

Pr 6,6-11

As formigas e o trabalho

As formigas estão entre as menores e mais humildes criaturas, e vivem apenas por algumas semanas. Mesmo assim, elas passam sua vida trabalhando, sem se queixarem.

À diferença de alguns seres humanos que só trabalham quando obrigados, as formigas mantêm suas tarefas, mesmo quando ninguém as observa.

À diferença de alguns seres humanos que preferem dormir a trabalhar, as formigas se mantêm ativas continuamente, sem se queixarem de que sua tarefa seja muito dura ou difícil, ou que sua remuneração é muito baixa.

As formigas cumprem sua função, conforme lhes foi determinado pelo Poder Superior e/ou a evolução das espécies.

Já entre os seres humanos, há muitos que negligenciam essa obrigação, gerando pobreza e carências desnecessárias. Pessoas boas e trabalhadoras podem passar por tempos de necessidade. Mas, muito da pobreza, ignorância e sofrimento neste mundo é resultado direto da preguiça.

O trabalho é a atividade que permite ao ser humano se sustentar e também a sua família e, assim, estar capacitado a ajudar outros seres humanos necessitados. Lembre-se de que alguns humanos não podem trabalhar; é o caso das crianças e das pessoas seriamente doentes.

Esta é uma grande lição que podemos aprender das formigas!

As formigas podem, nós queremos?

As formigas são encontradas em quase todas as partes do nosso planeta. Elas são muito úteis para a fertilização dos solos e até para o controle de pragas.

Algumas vezes, elas causam estragos nas plantações e nas casas das pessoas. Mas elas se transformam em praga somente quando seu ambiente foi alterado pelo homem; nas áreas em estado natural, as formigas fazem parte do equilíbrio ecológico.

A ciência que estuda as formigas é a *mirmecologia*. Há até congressos internacionais especializados nessa ciência. Há cerca de doze mil espécies de formiga já catalogadas no mundo, das quais cerca de duas mil vivem no Brasil.

Observando as pequenas formigas, aprendemos que elas são capazes de andar até trezentos metros para encontrar comida e carregar o equivalente a dez vezes seu próprio peso.

Traduzindo essa capacidade para a escala humana, isso significa que nós deveríamos ser capazes de buscar comida a sessenta quilômetros de casa (claro: a pé!), e sermos capazes de carregar o peso de um carro pequeno. Você é capaz disso?

Quando confrontados com esta pergunta, seres humanos frequentemente respondem "Eu não posso" ou "Eu não sou capaz".

Entretanto, é crucial estarmos alertas a esse tipo de resposta; na maioria das vezes ela é apenas um disfarce para esconder limitações psicológicas. Em vez de "Eu não posso", deveríamos ser honestos e dizer "Eu não quero".

Se você quer alguma coisa em sua vida que nunca teve, terá de fazer alguma coisa que nunca fez antes.

Chico Xavier

Barreiras psicológicas nos impedem de conquistar muitas de nossas metas e objetivos. Elas se manifestam na forma de pensamentos do tipo: "Eu não tenho recursos para isso..." "Eu sou muito novo (ou velho) para..." "Eu sou pequeno demais para a tarefa..."

Não apenas as formigas são exemplo de pequenos seres vencendo grandes desafios. Precisamos lembrar também das bactérias microscópicas, capazes de derrotar grandes mamíferos, e da luta de Davi e Golias, descrita na Bíblia.

Sabedoria coletiva

Outra característica da atividade das formigas, enquanto vão trabalhando para garantir seu alimento, é que elas colocam marcas ao longo do caminho para que as outras formigas possam saber em qual direção encontrar mais comida.

Essas "marcas" são constituídas por uma substância química chamada *feromona*. Essa substância possui um cheiro agradável para as formigas e desaparece depois de algum tempo.

Qual a lição contida no uso das feromonas pelas formigas? Nós, por vezes, queremos trilhar caminhos novos sem ouvir os conselhos daqueles que possuem mais experiência do que nós.

Pessoas que já passaram por certo caminho ou por uma dada situação podem nos ajudar. Essas pessoas podem ser, por exemplo, nossos pais, nossos professores, nossos amigos ou nossos colegas em um grupo de apoio.

A lição da feromona das formigas diz que seguir os passos dos outros é sinal de prudência e sabedoria.

Organização e disciplina

Os formigueiros possuem locais adequados a cada situação: creches, maternidades, jardins; até possuem locais com "ar-condicionado".

Dentro de um formigueiro, as tarefas são totalmente divididas. Cada formiga se ocupa de uma função, sabe onde deve estar e o que deve fazer. E isso é surpreendente, pois um único formigueiro pode hospedar alguns milhões de formigas!

Essa organização das formigas também se revela na prudência de nunca consumirem tudo o que possuem, deixando sempre reservas para algum momento de dificuldade.

Elas percebem quando está chegando uma grande tempestade ou quando se aproxima o inverno, e se preparam para enfrentar essas crises.

Jamais juntam comida suficiente para apenas uma semana, e depois passam uma semana somente comendo.

Cooperação como fonte de inteligência coletiva

As formigas são seres extremamente sociais: elas vivem e trabalham em grupos, de forma tão integrada que, se não prestarmos atenção, poderíamos pensar que o grupo de formigas é na verdade um único organismo.

Isto só acontece porque a sociedade das formigas é baseada totalmente no princípio da cooperação: cada formiga trabalha pelo bem-estar de todas elas, e nunca para seu próprio proveito.

Não sabemos se elas possuem personalidade própria. Mas sabemos que, caso exista, a personalidade das formigas não interfere no comportamento delas: nenhuma formiga gasta seu tempo falando mal de outra nem discutindo ou criticando o comportamento de sua semelhante.

Observe ainda que nenhuma formiga ataca outra para ser a primeira a chegar até a comida. Elas também não roubam comida das outras formigas para guardar alimentos apenas para si.

As formigas, individualmente, não são consideradas um animal inteligente. A colônia de formigas, porém, apresenta inteligência significativa.

Moral da história: como ninguém sabe tudo, sempre precisaremos uns dos outros.

Persistência, teimosia e resiliência

É um erro bastante comum considerar como "quase equivalentes" os termos persistência, teimosia e resiliência.

A persistência realiza o impossível.

Provérbio chinês

"Persistente", segundo alguns dicionários, é aquele que é "constante e firme, insistente", e também "sobrevivente". Em outros dicionários, persistente é "aquele que não desiste de seus objetivos".

Já a definição de "teimosia" é "obcecado", "caprichoso" e "quem tem repetida obstinação pelas próprias ideias". Ou seja, pessoas teimosas são aquelas que têm dificuldade em mudar de opinião, mesmo quando estão erradas!

Ou seja, enquanto uma pessoa persistente é constante, firme e sempre vai em frente, não desistindo nunca, apesar dos muitos obstáculos que a vida coloca em seu caminho, a pessoa teimosa, que pode parecer ser persistente, é aquela que se prende às suas próprias ideias, mesmo quando essas ideias estão erradas. A pessoa teimosa não aceita a opinião nem os conselhos dos outros.

Já a resiliência é a capacidade das pessoas de suportarem fortes pressões ou situações adversas e depois conseguirem voltar ao normal sem ter perdido sua força e capacidade.

Portanto, **é possível** que uma pessoa seja **persistente, teimosa e resiliente** ao mesmo tempo. Porém, a teimosia é um comportamento que devemos deixar de praticar: mudar de ideia não é vergonha alguma!

Quando encontramos argumentos coerentes e convincentes a respeito de alguma coisa é **sábio ouvir atentamente e mudar de opinião**, assim que percebermos que estávamos errados. Mais, pedir desculpas às pessoas afetadas pela nossa mudança de opinião não é sinal de fraqueza, mas de fortaleza!

O ideal, então, é que sejamos persistentes e tenhamos grande resiliência, sem nenhuma teimosia. Mesmo sabendo que isso não é fácil!

A vida é uma grande forja

Texto baseado em analogia de autor desconhecido que inspirou o livro Forja, de José Maria Escrivá.

Para forjar ou fazer uma boa espada, o aço é esquentado até ficar vermelho, quando o ferreiro golpeia-o muitas vezes com uma marreta, e depois é esfriado num líquido. Esse processo é repetido várias vezes até que o aço fique realmente resistente e se torne uma boa espada, rija e sólida.

Nesse processo, porém, há aços que não resistem: eles trincam e quebram, e acabam descartados, porque não se transformarão numa boa espada.

A vida faz o mesmo com a gente: somos constantemente provados para verificar se nos tornamos um "bom aço" ou se "trincamos". Só que, em nosso caso, mesmo quando "trincados", às vezes, temos a chance de nos regenerar – isto é, podemos nos levantar – e tentar de novo. E de novo. E de novo.

Todos os seres humanos passam pelo "fogo do ourives" na vida, mas só os persistentes e resilientes vão em frente, sem nunca desistirem.

Não desista!

Inspirado em vários textos de autor desconhecido.

Um ex-diretor de produção da Ford®, Charles Sorensen, disse: "Não são os incompetentes que destroem uma organização. Eles nunca atingem uma posição que possam destruí-la. Aqueles que já realizaram algo e que desejam descansar sobre suas realizações é que estão sempre emperrando o andamento das coisas".

A mão de um lavrador, quando usa a enxada pela primeira vez, enche-se de bolhas, assim como as pontas dos dedos de quem aprende a tocar um instrumento de corda, como um violão ou um violino. Persistindo, tanto o lavrador como o aprendiz de música vê suas bolhas se transformarem em calos, e então fica cada vez mais fácil executar a sua tarefa.

O mesmo ocorre com um(a) dançarino(a) de balé, que fica em pé nas pontas dos dedos; é preciso muita persistência para que os dedos dos pés suportem o peso do corpo todo!

Se você não acredita, tente imitar o que eles fazem. Você achará quase impossível, mas todos os dançarinos persistentes conseguem!

Persistência: formigas x humanos

As formigas são consideradas persistentes: elas nunca desistem da busca por comida. Elas só conhecem duas opções: ou elas encontram comida para regressar ao formigueiro ou continuam a procurar.

Quando estão buscando comida, elas não seguem desvios repentinos. Também não desistem no meio do caminho.

Já o ser humano mediano facilmente perde a vontade de avançar quando aparece um obstáculo. As formigas encaram a derrota como sendo apenas temporária, considerando-a unicamente como um desafio, até atingir sua meta: encontrar alimento.

Quando nossa casa é atacada por formigas costumamos usar algum inseticida químico para nos proteger.

Após certo tempo, elas reaparecem, de tão determinadas que são; se há comida em um determinado lugar, a formiga não desiste, mesmo quando há obstáculos imensos em seu caminho.

Reparou que a altura da sua pia equivale a trezentas vezes a estatura de uma formiga? E você: já desistiu ou vai persistir como as formigas?

Sabedoria: uma utopia?

Uma última pergunta sobre a sabedoria: É possível sermos completamente sábios? Infelizmente, isto não é possível para nenhum ser humano.

Em primeiro lugar, o conhecimento acumulado pela humanidade é muito maior do que cabe em um cérebro. Portanto, quase sempre enfrentaremos situações para as quais não estamos preparados.

Em segundo lugar, se fosse possível atingirmos a sabedoria completa, então chegaríamos ao mesmo nível de sabedoria que atribuímos ao Poder Superior, que, por definição, é infinitamente maior do que nós humanos. Logo, é impossível atingirmos a Sabedoria Superior, porque somos imperfeitos por definição.

Entretanto, podemos e devemos manter esse objetivo utópico.

> As utopias são como as estrelas! Ambas são inatingíveis, mas são muito úteis para nos orientar.
>
> *Autor desconhecido*

A sabedoria possível, portanto, consiste em sabermos que temos de estar sempre dispostos a aprender, com qualquer pessoa, animal ou objeto, mesmo que nunca possamos "completar" nossa sabedoria.

As pessoas sábias estão sempre abertas a novos conhecimentos, em contraposição às pessoas insensatas, que acham que já sabem tudo, e muitas vezes pensam que aprender algo de alguém é se humilhar, levando-as a se manterem em sua ignorância.

> O homem vaidoso não gosta de quem o corrige; ele nunca pede conselhos aos sábios.
>
> *Pr 15,12*

> Corrija um sábio e o fará mais sábio. Corrija um ignorante e fará um inimigo.
>
> *Dalai Lama*

𝒪tolo não tem prazer no entendimento, mas tão somente em expressar sua opinião.

Pr 18,2

𝒩inguém ignora tudo. Ninguém sabe tudo. Todos nós sabemos alguma coisa. Todos nós ignoramos alguma coisa. Por isso aprendemos sempre.

Paulo Freire (1921-1997)

Nunca é tarde para aprender – Um tributo a Kimani Maruge

Texto criado a partir de notícias divulgadas pela imprensa.

O queniano Kimani Maruge tinha 84 anos quando colocou os pés em uma escola primária pela primeira vez, no verão do ano de 2004, decidido a aprender a ler e escrever.

Maruge se tornou detentor do recorde de pessoa mais velha a entrar em uma escola primária, segundo o *Guinness*, dividindo a mesma sala com dois de seus trinta netos, mais de setenta anos mais novos do que ele.

Maruge participou ativamente da Revolta Mau Mau, um levante que teve início no ano de 1952 contra a política colonialista do Império Britânico. Os quenianos lutavam, principalmente, por melhores condições, liberdade e mais terras.

O levante terminou fracassado, sendo dominado pela política britânica e considerado um movimento terrorista pela própria sociedade queniana da época.

Atualmente, os Mau Mau são considerados um símbolo de luta pela liberdade queniana. Só em 2013, o governo britânico apresentou um pedido de desculpas pelas suas ações contra eles.

Porém, quando Maruge decidiu entrar em uma escola meio século após lutar pela liberdade de seu país, teve de enfrentar outra batalha, de caráter pessoal: a luta pelo direito de aprender.

A decisão da escola de aceitar e acolher o pedido de Maruge para se matricular sofreu críticas como esta: "Para que desperdiçar uma vaga na escola com um velho, justamente no Quênia, um dos países com mais crianças longe da escola no mundo?"

A decisão governamental de tornar o ensino básico livre e gratuito foi motivada principalmente pela pressão de movimentos sociais nas eleições de 2002. Mas atender pessoas idosas como Maruge não estava no escopo da decisão.

Aceitar sua matrícula não foi colocar um velho senil em sala de aula. Ao término do primeiro ano, Maruge já era um dos cinco alunos com as melhores notas de sua sala.

A história de Maruge atraiu a curiosidade da imprensa internacional, e ele passou a carregar a bandeira do programa para todo o mundo. Ele acreditava que a educação era a solução para uma sociedade melhor, e não deixou nenhum obstáculo impedir sua busca.

Em 2005, foi convidado para discursar em Nova York, em um evento das Nações Unidas. Lá ele pregou a importância do ensino livre para todos, e que seu sonho seria não precisar ver ninguém mais ter que esperar como ele para receber educação. Maruge morreu em 2009, em decorrência de um câncer.

Conhecer a vida de Kimani Maruge não é apenas descobrir uma história motivacional e de que nunca é tarde demais para aprender, mas **também descobrir que o estudo é um dos caminhos para se alcançar a liberdade** de cada ser humano e de toda a sociedade.

Para saber mais: a vida de Kimani Maruge é a trama do filme *The First Grader*, lançado pelo diretor Justin Chadwick em 2010. Esse filme foi lançado no Brasil em 2014 com o título *Uma lição de vida*.

VII
Força

A opinião popular a respeito da força diz que ela consiste no poder de controlar os outros, por exemplo, com base na força física ou no poder militar.

"Ditadores malucos" raramente se satisfazem com seu poder, trabalhando continuamente para ampliá-lo. Esse impulso de dominar outros seres humanos é quase sempre um ato de defesa contra sentimentos pessoais de fraqueza.

Exatamente essa fraqueza explica a necessidade dos ditadores em ampliar cada vez mais seu poder. Esse tipo de pessoa vive sob o constante temor de perder sua posição de poder, o que leva a trabalhar por mais poder. Entretanto, esse poder adicional não permite encontrar um ponto de equilíbrio.

Por isso, as pessoas que buscam esse tipo de força, e não são apenas os ditadores, vivem em um estado permanente de insatisfação; elas estão presas em um círculo vicioso.

Por outro lado, as pessoas equilibradas não precisam estar numa posição de poder nem de superioridade. Pelo contrário, muitos dos mais notáveis líderes que passaram ou estão neste mundo costumam recusar postos de liderança, ou só os aceitam depois de pressionados.

Apenas para citar alguns líderes que atingiram o poder sem o uso da força física ou militar, lembramos do indiano Mahatma Gandhi (1869-1948), do estadunidense Martin Luther King (1929-1968) e do sul-africano Nelson Mandela (1918-2013).

O melhor sinal de força das pessoas saudáveis é a sua capacidade de exercer o **domínio sobre si mesmas**, também denominado de "autocontrole", e não o domínio sobre outras pessoas.

Autocontrole

Autocontrole é essencialmente a habilidade de tomar as rédeas das próprias emoções, em especial as mais fortes, como a raiva; embora também usamos nossa capacidade de autocontrole, por exemplo, quando tentamos manter o foco numa tarefa que deve ser realizada sem distrações.

As emoções, incluindo a raiva, nos ajudam a responder adequadamente ao que acontece ao nosso redor.

No entanto, quando as emoções se manifestam durante um tempo prolongado ou se transformam em nosso objetivo, acabamos fazendo coisas das quais nos arrependemos, afetando nossa autoestima e criando dificuldades para alcançar nossas metas.

Usando o exemplo da raiva: quando ela aparece subitamente diante de algum fato que nos causa frustração, isso nos impede de distinguir e pensar nas coisas com clareza. A raiva costuma aparecer como resposta a agressões reais, ao surgimento de limitações para nossos desejos e/ou nossos direitos.

Por que os navios afundam?

Texto de autor desconhecido.

Os navios não afundam por causa da água ao seu redor.

Um navio só pode afundar quando a água invade seu interior.

Portanto, não importam as coisas que estão acontecendo ao seu redor, em torno de sua vida. O que importa é que você não permita que aquilo que está acontecendo invada o seu interior, colocando-o para baixo e fazendo sua vida naufragar.

Entretanto, se dedicarmos um tempo adequado ao nosso autoconhecimento é possível que percebamos que a nossa raiva, na verdade, serve para encobrir outras emoções, como a tristeza por nos sentirmos decepcionados, ou o medo de sairmos muito prejudicados de alguma situação.

> *Não são as situações que roubam a nossa paz, mas a nossa forma de reagir a elas.*

> *Você não pode controlar o que acontece com você, mas pode treinar a forma com que reage ao que acontece!*
>
> *Autor desconhecido*

A palavra autocontrole costuma ser equiparada à limitação de condutas inconvenientes. No entanto, trabalhar o autocontrole significa **incorporar condutas que melhoram a probabilidade de que as coisas aconteçam da forma como queremos.**

Ao usar a capacidade de observar nossa própria conduta, precisamos reconhecer e compreender aqueles aspectos que são problemáticos, assim como as situações que os fazem aflorar.

Precisamos aceitar que esse comportamento, do qual não gostamos, faz parte de quem somos. Precisamos reconhecer que a responsabilidade por nossa própria conduta é só nossa, sem criar justificativas, sem nos culpar, nem culpar outras pessoas. Ao reconhecer que nós podemos decidir ganhamos tranquilidade.

O veneno da serpente

Texto de autor desconhecido.

Esta história serve para ilustrar como pode ser difícil o autocontrole, principalmente ao enfrentarmos situações inesperadas.

Um homem estava acampado numa floresta com sua esposa. Ela resolveu ficar na barraca, enquanto ele adentrou na mata, visando explorar melhor o local. Era uma selva vasta e densa, com uma flora variada e muitos animais.

Em dado momento, já cansado de caminhar, resolveu sentar-se alguns minutos sob uma imensa árvore. De repente, sentiu uma forte picada em sua perna. Ele pulou de susto e viu uma cobra fugindo pelos arbustos. Olhando para o local da picada, viu que havia uma mordida profunda. Lembrou-se do formato da cobra e percebeu que, de fato, era uma espécie venenosa.

O homem ficou preocupado, mas ao mesmo tempo lhe veio uma intensa raiva da serpente. Decidiu que iria procurá-la até que a encontrasse, para matá-la, e depois retornaria ao acampamento para tomar o antídoto. Movido por intensa raiva pelo animal que destruiu sua viagem e pôs sua vida em risco, o homem embrenhou-se bravamente na mata, em busca da serpente.

Passados cinco minutos, começou a sentir-se fraco e percebeu que o veneno estava fazendo efeito muito mais rapidamente do que esperava. Lembrou-se então de ter lido numa enciclopédia que naquela região existia uma espécie rara de serpente cujo veneno pode matar um ser humano em apenas dez ou quinze minutos.

Já bastante enfraquecido, resolveu retornar ao acampamento. Assim que chegou, praticamente se arrastando, pediu à esposa o soro antiofídico. Muito preocupada, ela foi rapidamente procurar a substância, mas já era tarde... O homem morreu, ali mesmo, vítima de um veneno rápido e letal. Sua esposa caiu de joelhos e ficou muito transtornada, chorando sobre o corpo dele.

A maioria das pessoas que foram maltratadas por outras pensa e age exatamente como esse homem: primeiro elas querem se vingar daqueles que lhes fizeram mal, para somente depois cuidarem do "veneno" das feridas que está dentro delas.

No entanto, é preferível cuidar das feridas interiores em vez de ficar se preocupando em se vingar do algoz. Caso contrário, o veneno do ódio, da mágoa, do trauma, da dor e do desconsolo pode, muito rapidamente, nos adoecer e devastar nossa vida interior.

Por isso, não se importe com a "cobra" que te picou, deixe-a de lado... Cuide apenas do "veneno" das emoções negativas que ficaram dentro de você e que, em breve, podem matar a sua alma.

Exercícios para desenvolver o autocontrole

1) Escreva sobre duas ou três situações relativamente recentes, nas quais você sentiu uma forte emoção. Inclua pelo menos uma na qual você acha que comunicou seus sentimentos de forma adequada, e outra em que não. Que diferença você vê entre essas situações?

2) Quando estiver numa conversa estressante, sempre conte até DEZ antes de responder. Pense em como você gostaria de ser tratado se estivesse no lugar da pessoa que lhe gerou estresse.

3) Se estiver muito cansado, adie a conversa para outro momento. Algumas pessoas acreditam que é mais eficiente continuar e resolver tudo, mesmo quando estão exaustas. No entanto, às vezes, menos é mais.

4) Faça exercícios de relaxamento, diariamente.

Autodomínio yogui

O desenvolvimento do autodomínio, ou domínio sobre si próprio, é um dos elementos-chave de diversas filosofias orientais. Aqui apresentamos brevemente a versão "yoga", com base nos textos de Sri Aurobindo.

Sri Aurobindo foi um nacionalista, lutador pela liberdade, filósofo, escritor, poeta, yogui e guru indiano. Ele se uniu ao movimento pela independência da Índia da Coroa Britânica e, por alguns anos, foi um de seus principais líderes. Nascido em Calcutá em 1878, Sri Aurobindo foi aos cinco anos para a Inglaterra, onde aprendeu diversos idiomas, destacando-se na literatura. Aos vinte anos, retornou à Índia em busca da "sabedoria e verdade do Oriente".

Por treze anos, trabalhou em atividades administrativas e educacionais para o Estado. Em 1906, foi para Bengali assumir abertamente o comando do movimento revolucionário para a independência da Índia, que durante anos havia organizado em segredo. Acabou preso pelo governo britânico entre 1908 e 1909. Foi durante esse período que Aurobindo passou por uma série de experiências espirituais que determinaram o seu trabalho futuro. Solto e certo do sucesso do movimento libertador da Índia, e respondendo a um chamado interior, retirou-se do campo político e foi para o sul da Índia, para se devotar totalmente à sua missão espiritual. Morreu em 1950, aos 78 anos.

Optamos por extrair as ideias fundamentais do segundo capítulo do livro *Letters on Yoga*, vol. 2, intitulado "Os requisitos básicos do caminho". Nesse capítulo ele aborda as conquistas graduais da liberdade da mente, começando pelo sossego e passando pela calma e a paz até chegar ao silêncio:

> A liberdade progressiva e o domínio sobre a própria mente estão perfeitamente dentro das possibilidades de todo aquele que tenha a fé e a vontade de empreender essa conquista. As possibilidades do ser mental não são limitadas; é possível ser uma testemunha da própria liberdade e senhor da própria casa.
>
> *Sri Aurobindo*

Somos um ser humano mental, que normalmente funciona como uma bola de tênis submetida ao impacto dos pensamentos desordenados e incontroláveis, ou como um barco a deriva em meio à tempestade das paixões e dos desejos, ou como um escravo da inércia ou dos impulsos do corpo. Controlar os pensamentos é difícil, porque o ser humano, uma criatura de energia mental, identifica-se com os movimentos de sua mente e não pode, de repente, dissociar-se e permanecer à margem e livre dos redemoinhos e turbulências de sua mente.

Comparativamente, é muito mais fácil exercer controle sobre nosso corpo, ao menos sobre certa parte de seus movimentos. Estabelecer um domínio mental sobre nossos impulsos e desejos vitais é menos fácil, mas também é possível.

Segundo Aurobindo, o primeiro passo é ter uma mente sossegada, "uma consciência mental que vê os pensamentos se acercarem e se moverem em torno dela; porém, não se identifica com os pensamentos nem os considera sujos". Os pensamentos e os movimentos mentais podem passar através dessa consciência mental, tal como os caminhantes aparecem procedentes de qualquer parte e passam através de uma campina silenciosa; a mente sossegada os observa e nem sequer se incomoda de observá-los; porém, em nenhum caso participa na ação ou perde sua tranquilidade.

A construção dos fundamentos da yoga requer o sossego mental como primeiro passo. A dissolução da consciência pessoal não é o objetivo primordial da yoga; seu propósito fundamental é abrir nossa consciência a uma consciência espiritual superior, o que também depende de uma mente sossegada.

O estado chamado de *sadhana* estabelece na mente uma paz e um silêncio estáveis. Sem ele, será possível ter experiências, mas elas não terão caráter permanente.

A paz que você procura muitas vezes está no silêncio que você não faz.

Autor desconhecido

Ter uma mente sossegada não significa a ausência total de pensamentos ou de movimentos mentais, mas que esses permanecem na superfície, enquanto nosso interior se sente como o ser verdadeiro, que observa os pensamentos sem se deixar arrastar, capaz de vigiá-los e de julgá-los, de recusar aqueles que exigem demasiado movimento e de aceitar e conservar aqueles que são parte da consciência verdadeira.

As forças que criam obstáculos no caminho da *sadhana* fazem parte da natureza inferior mental, vital e física, por trás das quais se encontram os poderes adversos deste mundo. A partir do momento em que a mente e o coração estiverem orientados e concentrados exclusivamente para o divino, poderemos lutar com êxito contra esses poderes adversos. Atingimos assim o "sossego", um estado no qual não há inquietude nem perturbação.

A "calma" é um estado de sossego inquebrantável, que nenhum barulho ou inquietude podem alterar. Manter a calma, ser firme e arraigado no espírito, possuir esse sossego da mente, essa separação entre a alma e a energia é muito útil. Mas não é possível manter essa calma enquanto estivermos sujeitos ao turbilhão de pensamentos ou dos movimentos vitais. Desapegar-se, apartar-se deles, senti-los separados de si, é indispensável.

Uma grande onda ou um mar de calma é a consciência constante de uma vasta e luminosa realidade: esse é o caráter da compreensão fundamental da Verdade Suprema em seu primeiro contato com a mente e a alma.

Deve-se compreender que alcançar essa compreensão é uma graça, e a única maneira de responder a uma graça é aceitá-la com gratidão, pois o Poder Superior tocou a nossa consciência.

A importância do silêncio

Texto de autor desconhecido.

Um fazendeiro tinha acabado de perceber que tinha perdido seu relógio no celeiro. Além do valor material, aquele relógio tinha para ele grande valor sentimental, por ser herança de seus ancestrais.

Após procurar longamente em vão, pediu ajuda a um grupo de crianças, prometendo uma valiosa recompensa para quem encontrasse o seu relógio.

O grupo de crianças, todo alvoroçado, também não conseguiu achar o relógio. Quando o fazendeiro já estava prestes a desistir, um menino lhe pediu uma chance para tentar sozinho.

Mesmo com o insucesso dos demais, o fazendeiro pensou:

– Por que não? Será apenas uma tentativa a mais.

Então, o fazendeiro autorizou o menino a entrar no celeiro sozinho.

Depois de uns dez minutos, o menino saiu do celeiro com o relógio em sua mão!

Todos ficaram espantados. Então o fazendeiro perguntou:

– Como conseguiu encontrar o relógio?

E o menino respondeu:

– Eu não fiz nada a não ser ficar sentado no chão. No silêncio, eu escutei o tique-taque do relógio, e apenas olhei para a direção certa.

Uma mente em paz pensa melhor do que uma mente confusa.

Autor desconhecido

Dê alguns minutos de silêncio à sua mente todos os dias, pois assim você ouvirá a voz que te conduzirá na direção certa e lhe ajudará a definir o rumo de sua vida!

Assim como a transformação total da natureza não é possível num único instante, mas requer muito tempo e se produz por etapas, a experiência descrita é somente o começo, um fundamento para a nova consciência na qual será possível a transformação.

A espontaneidade automática dessa experiência demonstra que não se trata de uma construção da mente, da vontade ou das emoções, mas que procede de uma Verdade que está além dessas coisas.

Controlar nossos pensamentos é tão necessário na yoga como fora dela, assim como o domínio de nossas paixões, de nossos desejos vitais e do controle dos movimentos de nosso corpo. Não é possível alcançarmos o nível de um ser espiritual plenamente desenvolvido se não formos capazes de dominar os próprios pensamentos, se não formos nossa própria testemunha, nosso juiz e nosso amo.

O silêncio é mais do que o sossego. Pode obter-se o silêncio expulsando completamente os pensamentos da mente, mantendo-os mudos e completamente à parte. Atingir esse estado é mais fácil por meio de uma "descida": quando percebemos como o silêncio desce, penetra, ocupa e rodeia a consciência pessoal, então submergimos nesse vasto silêncio impessoal.

Não se trata, porém, de um silêncio completo, mas de manter a mente livre de desordem e inquietude – firme, ligeira e contente –, para que possa se abrir à Força que tem de mudar sua natureza. O importante é se livrar da invasão habitual dos pensamentos perturbadores, dos sentimentos falsos, da confusão de ideias e dos movimentos nocivos. Tudo isso altera a natureza e cria obstáculos à ação da Força. Quando a mente está sossegada e em paz, a Força pode trabalhar mais facilmente.

Precisamos enxergar as coisas que temos de modificar sem experimentar nenhum transtorno nem depressão: a mudança se efetua, assim, com maior facilidade.

Sri Aurobindo

VIII
Fé

A fé pode ser descrita como a crença essencial de que a nossa vida possui um propósito.

> *F*é é como o sinal de Wi-Fi: invisível, mas possui o poder de conectá-lo com quem você precisa.
>
> *Autor desconhecido*

A suposição contrária equivale a acreditar que tudo o que nos acontece, inclusive o fato de existirmos, é fruto de mero acaso. Se adotarmos essa crença, então a única atitude justificável diante da vida é o hedonismo, que afirma ser o prazer o bem supremo da vida humana: se estamos aqui por acaso, então vamos aproveitar para nos divertir ao máximo!

Essa crença, porém, é muito difícil de ser defendida, inclusive do ponto de vista filosófico: o fundador da filosofia hedonista é Aristipo de Cirene (aprox. 435-335 a.C.), contemporâneo de Sócrates. Ele distinguia dois estados da alma humana: o prazer, chamado de movimento suave do amor, e a dor, considerado o movimento áspero do amor. Segundo ele, o prazer é o único caminho para a felicidade, incluído o prazer do corpo físico.

O hedonismo psicológico é a pressuposição antropológica de que o ser humano sempre procura aumentar o seu prazer e diminuir seu sofrimento e que, assim, a busca do prazer é a única força motivadora da ação humana.

A anedota dos vadios

Inspirado em uma discussão talmúdica.

Dois vadios foram presos e levados perante um juiz. Este perguntou ao primeiro homem:

– O que você estava fazendo quando o policial lhe prendeu?

O homem respondeu:

– Nada!

Então o juiz se dirigiu ao segundo indivíduo:

– E você, o que estava fazendo ao ser preso?

Apontando para o amigo, disse:

– Eu estava lhe ajudando!

Quando uma pessoa ajuda outra a não fazer nada, ela também não está fazendo nada.

 fácil parecer perfeito quando você não está fazendo nada!

Autor desconhecido

O hedonismo ético é uma teoria que afirma que os homens devem ver o prazer nos bens materiais como o mais importante em suas vidas. Esse hedonismo se subdivide em *egoísta* – no qual o indivíduo busca somente o seu próprio bem –, e *universalista* –, que busca o bem de todos.

Posição antagônica a esta é assumida pelos humanistas, que afirmam que o valor da vida pode ser medido pelo grau de serviço que prestamos a outras pessoas. A anedota na página anterior ilustra por que esta postura ainda é insuficiente.

A psicologia moderna está preocupada, em grande parte, com a resolução de conflitos. Esse fato leva muitas pessoas a acharem que é possível viver sem conflitos. Entretanto, existem conflitos irreconciliáveis, como é o caso, por exemplo, de conflitos na nossa imaginação ou de conflitos gerados pelas emoções.

A fé é uma das poucas ferramentas dos seres humanos para aceitar que conflitos que aparentemente são irreconciliáveis no nível da nossa compreensão podem estar em harmonia em um nível de inteligência superior.

Para ilustrar esse fato por meio de uma analogia, observamos que durante toda a evolução da ciência química havia um conjunto de reações químicas consideradas impossíveis. Graças à moderna tecnologia espacial, os seres humanos começaram a desenvolver experiências químicas no espaço, a bordo da estação espacial internacional.

Foi assim que descobrimos que certas reações químicas ocorrem apenas na ausência de gravidade. Essas reações, antes consideradas impossíveis, não apenas passaram a ser possíveis, mas também reais. Antes de a humanidade explorar o espaço, entretanto, ela não tinha esse conhecimento!

Da mesma forma, conceitos que estão em conflito no nosso nível atual de inteligência podem ser perfeitamente compatíveis em outros níveis.

Acreditar nessa possibilidade é ter fé, que é a capacidade humana de aceitar aquilo que **ainda** escapa a nossa compreensão. Esta é a razão pela qual a fé transcende a lógica racional e suas limitações.

Razão e fé

Fé e lógica racional foram, por muitos séculos, a base do trabalho de teólogos, filósofos, cientistas e outros pensadores.

A partir do Renascimento, diversas áreas do conhecimento humano tomaram um grande impulso. Galileu, Kepler e Newton impulsionaram o conhecimento astronômico e mecânico, enquanto Leibniz, Laplace e Euler fizeram grandes avanços na matemática ao longo dos séculos XVI e XVII.

Baseado nesse, para a época, formidável avanço do conhecimento científico, o Iluminismo, movimento filosófico do século XVIII, disseminou a crença de que o ser humano seria capaz de atingir todo o conhecimento possível por essa via.

Essas ideias levaram muitos pensadores a acreditarem cegamente na superioridade da razão sobre qualquer forma de fé religiosa, o que não deixa de ser outro tipo de fé, isto é, a fé na superioridade da razão.

No fim do século XIX muitos intelectuais consideravam que haveria pouca coisa fundamentalmente nova a ser ainda descoberta.

No entanto, em apenas quatro anos da primeira metade do século XX, duas descobertas nos campos da física quântica e da lógica matemática demoliram a fé na razão ao explicitar a existência de limites para o conhecimento científico, com base nas próprias regras de elaboração desse conhecimento. O "Apêndice B – Os limites da razão" aborda essas duas descobertas.

Fé além da razão

Desde a antiguidade clássica, diversos filósofos e teólogos se ocuparam com questões aparentemente contraditórias no nível da razão.

Por exemplo, a noção de Poder Superior, como concebido pela maioria das religiões, se constitui numa entidade onisciente, e que não é limitada pelo tempo, como nós humanos. Assim, Ele deve saber tudo que ainda não ocorreu em nossa escala humana do tempo.

Esse conceito de onisciência, porém, entra em conflito com o conceito de *livre-arbítrio* do homem: se o Poder Superior sabe o que cada pessoa irá fazer, então o comportamento das pessoas está predeterminado.

Nenhum filósofo conseguiu solucionar essa contradição ou paradoxo entre a onisciência e o livre-arbítrio. Porém, onisciência e livre-arbítrio podem ser conciliados por meio da fé: ambos os fatos coexistem, embora de uma forma incompreensível à inteligência humana, ao menos a atual.

A própria coexistência dos males – que já abordamos na seção "A causa dos males" – com o Poder Superior bondoso ou benevolente é outro par de conceitos paradoxais, que só podem conviver em nossas mentes por meio da fé.

O conceito de eternidade, que se refere a algo que nunca teve início, também está além da experiência sensorial e racional dos seres humanos. Tanto se aplique a eternidade ao próprio Poder Superior, ou a partículas subatômicas que constituem a matéria-prima de todo o universo, a eternidade não pode ser compreendida apenas com o pensamento racional.

Cientistas rezam?

Esta pergunta foi feita por uma menina de nome Phyllis numa carta a Albert Einstein, em 1936, quinze anos após ser premiado com o Nobel de Física, pela sua Teoria da Relatividade. Ela é reproduzida no livro *Dear Professor Einstein – Albert Einstein's Letters from Children*, de Alice Calaprice (em português: "Querido Professor Einstein – Cartas de crianças a Albert Einstein").

Einstein respondeu afirmando que "os cientistas acreditam que tudo o que acontece, inclusive os assuntos dos seres humanos, se deve às leis da natureza". Por conseguinte, um cientista não tenderá a acreditar que o curso dos acontecimentos possa ver-se influenciado pela oração, ou seja, pela manifestação sobrenatural de um desejo.

Não obstante, Einstein observa que "temos de admitir que nosso conhecimento real dessas forças é imperfeito, de maneira que, no final, acreditar na existência de um espírito último e definitivo depende de uma espécie de fé, uma crença generalizada, inclusive diante das conquistas atuais da ciência".

E conclui sua resposta afirmando que, "ao mesmo tempo, **todo aquele que se dedica seriamente à ciência acaba convencido de que algum espírito se manifesta nas leis do universo, um espírito**

muito superior ao do homem. Assim, a dedicação à ciência conduz a um sentimento religioso especial, sem dúvida muito diferente da religiosidade de alguém mais cândido*.

Crianças e sentimentos

As crianças, ao desenvolverem seu pensamento racional, agem como se tudo no mundo fizesse sentido. Essa é uma explicação para a existência da chamada "idade do por quê".

Em algum momento, porém, elas terminam por encontrar fatos no mundo que a razão não é capaz de explicar, como acontece frequentemente com a figura do Papai Noel.

Nessa ocasião, quando não conseguem compreender os limites do raciocínio, um bom número delas conclui que possui alguma dificuldade de compreensão.

Uma boa parte daquilo que ensinamos às crianças não passa pela linguagem; de fato, sentimentos e atitudes possuem tanto impacto sobre as crianças, que a maioria delas escolhe a "versão" revelada pelos sentimentos, quando palavras e sentimentos se contradizem, e assim evitam cair na cilada de acharem que elas têm dificuldades de compreensão.

Essa é a razão pela qual a fé não é bem transmitida às crianças, quando se baseia apenas no uso da palavra; a transmissão da fé precisa ser acompanhada de sentimentos e atitudes.

Quando as crianças se desenvolvem em ambiente no qual a existência da fé como forma suprarracional não apenas é aceita, mas também acompanhada de sentimentos e atitudes, elas são poupadas da obrigação de entender tudo racionalmente.

E a melhor forma de vivenciar a fé passa pelo sentimento de alegria, que é o assunto do próximo capítulo.

---

* "Cândido" é usado aqui no sentido de "desprovido de culpa; puro e inocente".

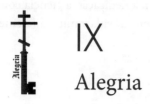

IX
Alegria

A alegria, no contexto da Oração da Serenidade, não representa a satisfação obtida quando atingimos nossos desejos físicos, mas a alegria espiritual.

Nossa alegria espiritual depende de sentirmos que somos meritórios, que nossa vida tem um propósito e que nossa existência no universo tem importância.

Quando um ser humano se deprecia a ponto de não se considerar merecedor da atenção do Poder Superior, passa a transferir o controle do mundo a outros "poderes", como os corpos celestes, os fenômenos naturais, certos conjuntos de imagens, a outras pessoas, ou até mesmo às substâncias psicoativas de sua preferência.

Ainda que muitas pessoas tenham dificuldade em alcançar o estado sublime de aceitar seu sofrimento com alegria, compreender que o sofrimento tem um propósito permite sentir alegria em outras fases ou momentos da vida.

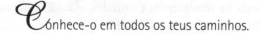
Conhece-o em todos os teus caminhos.

Pr 3,6

A alegria espiritual é frequentemente associada a atos "nobres" ou "sublimes", muitas vezes chamados de "boas ações", mas ela também pode ser encontrada em atos corriqueiros.

Ela pode ser descoberta em tudo o que fazemos, incluindo os momentos em que nos alimentamos para manter nosso vigor físico, quando dormimos para restaurar nossas energias, quando trabalhamos para ganhar nosso sustento e quando nos divertimos para revigorar nosso espírito.

> A alegria da alma constitui os belos dias da vida, seja qual for a época.
>
> Sócrates (470-399 a.C.)

A intensidade de nossa alegria deve aumentar na medida em que nos tornamos mais conscientes de nossas habilidades. Por exemplo, a alegria sentida ao dominar a direção de um veículo pela primeira vez ou ao conseguir executar uma bela melodia em um instrumento musical são momentos inesquecíveis para a maioria das pessoas.

> Quando tua mente é pura, a alegria continua como uma sombra que não te abandona nunca.
>
> Buda (563-483 a.C.)

Da mesma forma, quando desenvolvemos nossa vida com propósito, a tomada de consciência dos talentos e habilidades que dispomos para levar esse propósito adiante se transforma em alegria.

> Alegria é uma ATITUDE interior, espiritual que independe das circunstâncias.

Independentemente da religião que praticarmos, ou até mesmo se formos ateus, o estudo dessas habilidades amplia nossa capacidade de compreensão. Os atributos espirituais dos ateus são tema do "Apêndice A – Espiritualidade e ateísmo".

Quando, por meio desse estudo, sentimos a revelação do Poder Superior, experimentamos uma sensação de júbilo. Ao mesmo tempo, já que essas capacidades são dádivas do Poder Superior, precisamos cuidar para que esse sentimento de alegria não se transforme em vaidade que aniquila nossa humildade.

Alegria e autoestima

Algumas pessoas se sentem tão indignas e sem valor, que passam a "ter medo mórbido da alegria". Além disso, pensam que, se experimentarem algum tipo de felicidade, esta será de curta duração.

Tais pessoas, na verdade, têm medo de serem felizes, pois têm medo de perderem o objeto de sua alegria. Nelas, acontecimentos que deveriam gerar alegria causam ansiedade.

A alegria evita mil males e prolonga a vida.

William Shakespeare (1564-1616)

Por exemplo, mães que se consideram indignas de sentir alegria com seus filhos manifestam de forma persistente o medo de que algo ruim aconteça caso se alegrem com eles. A depressão pós-parto se encaixa nesta descrição.

Outro exemplo pode ser encontrado em empresários bem-sucedidos que vivem constantemente com medo de que alguma crise venha a lhes causar grandes prejuízos.

Em ambos os casos, as pessoas não se permitem apreciar as dádivas que receberam. Pior ainda, a ansiedade de antecipar os graves desastres é tão intensa, que elas acabam se boicotando, tendo atitudes que desencadeiam a tão temida crise para se livrarem da tortura do medo!

> Esta é a verdadeira alegria na vida: ser útil a um objetivo que você reconhece como grande.
>
> *George Bernard Shaw (1856-1950)*

A fé numa vida com propósito serve de alicerce para acreditarmos que, desde que não utilizemos as dádivas de maneira destrutiva, nos será permitido continuar com elas. Se a fé inclui o Poder Superior, então vale a analogia do amor dos pais pelos seus filhos: assim como o amor leva os pais a proverem as necessidades de seus filhos, o Poder Superior pode beneficiar as pessoas com suas dádivas. A simples consciência de ter essa chance já é motivo de alegria!

Alegria e gratidão

Aquelas pessoas que são objeto de generosidade, seja do Poder Superior ou de outras pessoas, e que não se consideram dignas disso, também não são capazes de sentir nem de expressar a verdadeira gratidão. Pelo contrário, elas costumam sentir culpa quando recebem algo que consideram não merecido. Essa culpa, por sua vez, leva ao ressentimento com o doador, que acaba ocupando o lugar que deveria ser da gratidão.

> Alegria, gratidão e felicidade são uma parte essencial da vida.
>
> *Makoto Wamatsu (1933-2006)*

Se, pelo contrário, a pessoa se sentir verdadeiramente grata e desfrutar com plenitude daquilo que recebeu, então as dádivas serão fonte de alegria.

> Eu te alegrarás, então, por todas as bênçãos e produtos que o SENHOR concedeu a ti e à tua casa.

Dt 26,11

A alegria de servir

O voluntariado é uma "atividade não remunerada prestada por pessoa física a entidade pública de qualquer natureza, ou a instituição privada de fins não lucrativos, que tenha objetivos cívicos, culturais, educacionais, científicos, recreativos ou de assistência social, inclusive mutualidade".

O serviço voluntário não gera vínculo empregatício nem obrigação de natureza trabalhista previdenciária ou afim, conforme é definido na Lei n. 9.608, de 1998.

De acordo com estudos do Instituto Brasileiro de Geografia e Estatística (IBGE), em torno de 24 milhões de brasileiros prestam algum serviço de voluntariado.

> Quando penso que cheguei ao meu limite descubro que tenho forças para ir além.
>
> *Ayrton Senna (1960-1994)*

Esse verdadeiro exército de voluntários, quase sempre anônimos, é responsável por manter funcionando hospitais, asilos, a Cruz Vermelha, as APAEs, as irmandades, as associações atléticas, estudantis, culturais e esportivas, os corais, as entidades de classe, os clubes sociais, os grupos de escoteiros, as festas religiosas, muitas ações sociais, os grupos de Alcoólicos Anônimos e assemelhados, as creches comunitárias e as Organizações Não Governamentais (ONGs). Essas organizações são dirigidas, aconselhadas, assessoradas e fiscalizadas por voluntários que não percebem remuneração de qualquer natureza.

*S*er voluntário é saber compartilhar o que temos de mais precioso: amor, felicidade, sabedoria, conhecimento, tempo e humildade. Ser voluntário é estar livre de preconceitos, de coração aberto para ajudar o próximo.

É a alegria de servir que leva as pessoas a abrirem mão do descanso, de viagens, lazer, conforto e o aconchego da família para se dedicarem aos outros!

Alegria e esperança

Agora vamos avaliar o que acontece quando ocorrem coisas desagradáveis, que nos deixam tristes. Precisamos diferenciar a tristeza ou aflição da depressão.

A tristeza é a agonia de um momento. Cultivar a tristeza é um erro para toda a vida.

Benjamin Disraeli (1804-1881)

Podemos nos sentir desapontados, desiludidos, desolados, infelizes ou emocionalmente angustiados, mas a depressão só está presente quando há desespero ou desesperança.

A intensidade do desespero pode variar muito. Nos casos mais graves ele pode levar ao desejo de morrer e até mesmo ao suicídio.

Observe que o desespero não tem base na realidade: ele surge na mente como uma percepção distorcida da realidade, como se fosse uma alucinação ou ilusão.

Portanto, caso o desespero venha a se manifestar, devemos usar nossa consciência como um mecanismo de alerta, e não levar esse sinal a sério, por mais intenso e real que possa parecer.

Pelo contrário, devemos manter a **esperança** de que as coisas irão melhorar. Se acreditarmos que as dificuldades têm solução, então os sentimentos negativos, por piores que pareçam, não desencadeiam a depressão.

A esperança está para a alegria como o desespero está para a depressão.

Abraham Twerski (1930-)

E lembre-se: mesmo quando nossos atos passados não nos façam merecedores de dádivas, ainda temos a oportunidade de sermos merecedores em função de nossas atitudes futuras.

X
Além da Oração da Serenidade

A compreensão e prática da Oração da Serenidade é um contínuo impulso para o aperfeiçoamento de nossa espiritualidade.

Por melhor e mais inspirada que ela seja, sendo composta de um número reduzido de palavras, é perfeitamente compreensível que a Oração da Serenidade deixa de fora uma série de características, comportamentos ou virtudes importantes.

Este capítulo é dedicado a uma apresentação resumida de algumas dessas habilidades adicionais que auxiliam a forjar a espiritualidade.

As quatro leis da espiritualidade hinduísta

Texto de autor desconhecido.

Na Índia, são ensinadas quatro leis da espiritualidade, derivadas do hinduísmo.

A primeira lei diz:

A pessoa que vem é a pessoa certa.

Ninguém entra em nossas vidas por acaso. Todas as pessoas ao nosso redor, quando interagem conosco, têm algo a nos ensinar e ajudar em cada situação.

A segunda diz:

*A*conteceu a única coisa que poderia ter acontecido.

Absolutamente nada do que acontece em nossa vida poderia ter sido de outra forma. Mesmo o menor detalhe. Não faz sentido pensar em "Se eu tivesse feito tal coisa..." ou "Aconteceu que um outro..." O que aconteceu foi tudo o que poderia ter acontecido, e foi para aprendermos a lição e seguirmos em frente. Todas e cada uma das situações que acontecem em nossa vida são perfeitas.

A terceira diz:

*T*oda vez que você iniciar é o momento certo.

Tudo começa na hora certa, nem antes nem depois. Quando estamos prontos para iniciar algo novo em nossa vida é que as coisas acontecem.

E a quarta e última afirma:

*Q*uando algo termina, termina.

Simplesmente assim. Se algo terminou em nossas vidas é para nossa evolução. Portanto, é melhor seguir adiante e avançar já enriquecidos com essa experiência.

Não é por acaso que você está lendo este texto. Se ele chegou a você agora é porque está preparado para entender que nenhuma pedra de granizo e nenhum floco de neve caem no lugar errado.

Humildade

A humildade é necessária na busca da evolução espiritual. Pessoas que pregam aos sete ventos serem muito espirituais ou muito devotas, na realidade têm uma imensa falta de modéstia.

Quem de fato é espiritualizado não tem necessidade de espalhar esse fato. Seres espiritualizados têm o dever de ajudar outras pessoas para que estas também possam trilhar o seu caminho.

Aquele que se julga melhor do que os outros, aquele que é egoísta, ganancioso ou invejoso, não é espiritualmente evoluído. Pelo contrário, é um ser pobre de espírito!

Nada há contra o prestígio de uma pessoa quando ela merecê-lo. No entanto, não se deve confundir o prestígio em si com os meios usados para alcançá-lo nem com os objetivos ambicionados como consequência dele.

Alguém que é bom naquilo que faz, como, por exemplo, um esportista que consegue o prêmio de melhor do mundo na sua modalidade, merece o prêmio e o prestígio porque efetivamente é o melhor. Certamente, esse esportista não deve se sentir mal por ter alcançado tal prestígio.

Agora pense: É mais digno aquele esportista que chegou ao topo porque fez algo que gosta, para o que possui habilidade ou talento especial, e sem interferir com ninguém, ou aquele esportista que, não sendo assim tão bom, valeu-se de artimanhas, passou por cima dos outros competidores e enganou quem fosse preciso para chegar lá?

A humildade também é necessária para o autoconhecimento; ela é fundamental para sermos capazes de reconhecer nossos defeitos e nossas qualidades, descobrir o que podemos melhorar ou mesmo aquilo que devemos deixar de lado. Carl Jung se referia a esse conjunto de defeitos e qualidades quando dizia que "a humildade é a coragem de olhar para a própria sombra". A humildade ajuda-nos, portanto, a melhorar.

Em sentido inverso, é importante observar que ser humilde não é o mesmo que se deixar rebaixar pelos outros. Quem tentar isso não merece importância! A autoestima é tão essencial quanto a humildade; deixar destruir nossa autoestima não ajuda em nossa evolução. Entretanto, a autoestima deve ser realista, não exacerbada.

Cultivar a humildade é uma das maiores e mais difíceis virtudes humanas. Ela está vinculada ao amor à verdade. "Ser humilde é amar a verdade mais do que a si mesmo", escreve o filósofo André Comte-Sponville (1952-).

Ser humilde é assumirmos tudo o que somos, nos reconhecendo diante do Poder Superior e dos outros, ativando nossos recursos e capacidades e acolhendo nossas limitações, fragilidades e medos, com a disposição de viver o caminho do crescimento.

> *S*eja humilde para admitir seus "herros",
> inteligente para aprender com eles e maduro
> para corrigi-los.
>
> *Autor desconhecido*

Humildade também não deve ser confundida com humilhação; não se trata de atrofiar e esconder nossas capacidades ou de nos desvalorizar, mas de reconhecer e expressar, com simplicidade, quem somos. Humildade é ser grato pelas capacidades e talentos que temos e trabalhar para superar nossas limitações e fragilidades. Por isso, é a virtude que mais humaniza, porque nos faz "descer" em direção à nossa própria humanidade e, a partir dessa perspectiva, entrar no movimento que nos leva para "cima".

A palavra "humildade" tem sua origem no termo latino *humilis*, que por sua vez deriva da palavra *humus*, designando a terra ou o solo. Essa origem contém a ideia de que todo ser humano surge do fecundo *humus* fundamental, onde "humildemente" acolhe o dom da vida. Devemos ser o solo, o *humus* no qual a espiritualidade pode germinar, criar raízes e florir.

Razões para sermos humildes

Texto de autor desconhecido.

Você sabia que:

- Seu **NASCIMENTO** foi através de outras pessoas.
- Seu **NOME** foi dado por outras pessoas.
- Você foi **EDUCADO** por outras pessoas.
- A sua **RENDA**, ainda que indiretamente, vem de outras pessoas.
- O **RESPEITO** que você merece vem de outras pessoas.
- Seus primeiros **BANHOS** foram dados por outras pessoas.
- Seu **ÚLTIMO BANHO** será dado por outras pessoas.
- O seu **FUNERAL** será realizado por outras pessoas.
- E seus **PERTENCES** e **PROPRIEDADES** serão herdados por outras pessoas.

E ainda há quem, levado pelo seu **EGO**, usa seu **TEMPO**, sua **CARREIRA**, seu **DINHEIRO** e suas **CRENÇAS** para menosprezar o valor das outras pessoas em sua vida, sendo que, na verdade, todos nossos feitos envolvem outras pessoas.

É hora de que todas as pessoas simplifiquem, reajustem e modifiquem sua percepção da vida e sobre a vida, para nos tornarmos mais amorosos, mais humildes e vivermos pacificamente com os outros, porque nesta vida precisamos uns dos outros todo o tempo, quer seja de modo absoluto, em total dependência, naquelas situações extremas ou no cotidiano, pois a base material sobre a qual estruturamos nossa vida – alimentação, vestuário, moradia etc. – nos chega pelo envolvimento de inúmeros outros, por meio daquela atividade a que chamamos **trabalho**. Sejamos gratos!

Nenhum homem é uma ilha, assim como nenhuma árvore constitui uma floresta.

Autor desconhecido

Honra

A honra consiste em dar reconhecimento e admiração às outras pessoas, não em sermos objeto de reconhecimento e admiração pelos outros.

Em primeiro lugar, se temos uma boa percepção de nós mesmos, não precisamos ser lembrados de nossos méritos. Mais ainda, elogiar os outros é fácil quando temos uma boa autoestima.

Contraste esse comportamento com o de pessoas que gostam pouco de si e desenvolvem táticas comportamentais para depreciar os demais e assim poderem se sentir em posição superior.

Caso nossos comportamentos e atitudes sejam meritórios, as outras pessoas irão nos brindar com o reconhecimento e manifestar sua admiração.

Entretanto, é crucial saber que nossas ações não devem ser planejadas com o objetivo de recebermos honras. Quando elas vierem será uma dádiva a mais.

Na última fila

Inspirado em discussão talmúdica.

Numa antiga comunidade, durante uma assembleia que envolveu todos os homens do lugar, a maioria dos sábios presentes sentou-se na primeira fila.

Um dos sábios chegou alguns minutos atrasado e sentou-se na última fila. Um dos sábios da primeira fila percebeu a chegada dele e foi convidá-lo a sentar-se junto dos demais. Disse-lhe:

– Uma pessoa como você não deveria ficar sentada na última fila!

Ao que o sábio respondeu:

– Agradeço muito o seu convite, seria uma honra sentar junto com vocês, mas eu estou contente em sentar neste lugar. Afinal, não é o lugar que proporciona honra às pessoas, mas as pessoas que devem honrar o lugar que ocupam!

Riqueza

Geralmente a riqueza é medida pelo tamanho da fortuna que as pessoas acumulam. Do ponto de vista espiritual, porém, a riqueza não é determinada pelo **quanto** as pessoas possuem, mas pela capacidade de apreciarem **o que têm**.

A busca da riqueza a que nos referimos não se aplica aos esforços para prover as necessidades básicas da vida, a custear alguns prazeres ou a constituir uma reserva para eventuais períodos de dificuldade.

A riqueza, também na cultura atual, é vista como a posse de bens materiais muito além das necessidades imediatas e previsíveis de uma pessoa. Aquelas que acumulam mais do que são capazes de gastar são consideradas ricas.

> *A* riqueza é semelhante ao sal, que dá sabor aos alimentos; mas quem bebe muita água salgada aumenta sua sede.
>
> *Provérbio rabínico*

Acumular dinheiro ou bens além das nossas necessidades previsíveis é uma fonte frequente de problemas. Pessoas com baixa autoestima muitas vezes tentam aumentá-la pela acumulação de riqueza. Elas acreditam, erroneamente, que a riqueza poderá compensar a autoimagem negativa, fruto de sua própria imaginação.

Além disso, o acúmulo de riquezas pode provocar ansiedade, já que os bens materiais podem ser, por exemplo, perdidos ou roubados. Esse tipo de perda é sempre desagradável. Porém, se os bens da pessoa forem parte importante de sua personalidade, esse tipo de perda pode levá-la à depressão.

Se, por outro lado, acreditarmos que a verdadeira riqueza é se sentir satisfeito com o que temos, estaremos protegidos de sentimentos devastadores advindos da perda de bens materiais.

O verdadeiro sucesso: Steve Jobs ou Bill Gates?

Adaptado de entrevista concedida por Malcolm Gladwell.

Steve Jobs e Bill Gates são duas pessoas que se destacam como exemplos supremos de sucesso e riqueza: eles ganharam mais dinheiro do que a maioria de nós é capaz de sequer imaginar. Ambos são considerados exemplos supremos do espírito empreendedor, que lhes permitiu conquistar o auge da riqueza e da fama. Steve Jobs criou a Apple® e Bill Gates construiu a Microsoft®, duas empresas que forneceram incríveis avanços tecnológicos para o mundo moderno. Steve Jobs faleceu em 2011, aos 56 anos de idade, de um câncer no pâncreas. Bill Gates, felizmente ainda é vivo.

Malcolm Gladwell é um jornalista nascido no Reino Unido, criado no Canadá e que mora em Nova York há muitos anos. Foi correspondente do *The Washington Post* e editor da revista *The New Yorker* desde 1996, além de autor de vários livros *best-sellers* sobre o comportamento humano.

Quando questionado sobre Steve Jobs e Bill Gates, ele afirmou que daqui a cinquenta anos Steve Jobs não será mais do que uma nota de rodapé menor nas páginas da história, enquanto Bill Gates poderá ter estátuas erguidas em sua honra em diversos países ao redor do globo. Qual a razão para essa diferença?

Steve Jobs era um gênio dos negócios: ele construiu uma empresa que hoje é uma das mais valiosas do planeta e que fornece diversos produtos incomparáveis. Bill Gates, porém, foi além: em certo momento de sua vida percebeu que ganhar dinheiro e continuar criando novos softwares era menos importante do que o trabalho de caridade que ele poderia fazer através de sua Fundação Bill e Melinda Gates.

Gladwell resume assim sua opinião: "Eu acredito que no futuro esses gigantes da tecnologia serão mais lembrados pelo que eles deram de volta à sociedade do que pelo que eles alcançaram no mundo dos negócios".

Desempenhar o papel de tornar o mundo um lugar melhor para toda a humanidade é nossa missão mais importante. **O sucesso não é definido pelas riquezas que acumulamos**, mas por **aquelas que somos capazes de dar aos outros.**

E isso é verdade mesmo quando não estamos em condições de criar uma fundação ou embarcar em projetos que só um bilionário pode dar conta. O verdadeiro teste de caráter é baseado no legado que conseguirmos construir durante a nossa vida.

A chave da grandeza consiste em sermos responsáveis por algo que nos sobreviva. Dessa forma não estaremos apenas cumprindo com nossa responsabilidade, mas encontrando um meio de garantir nossa imortalidade.

Ajudar os outros é o aluguel que pagamos pelo direito de vivermos aqui na Terra.

Os três amigos do homem

Adaptado de discussão talmúdica.

Um homem tinha três amigos. O primeiro deles era o mais amado e passava muito tempo com ele. Já com o segundo ele não tinha tanta intimidade, mas eles mantinham um relacionamento próximo. E o terceiro amigo, bem, este era apenas um conhecido.

Certo dia, esse homem foi chamado para comparecer perante o rei para ser julgado por atos abomináveis que teria cometido. Aterrorizado, ele perguntou ao seu melhor amigo se o acompanharia, e para sua surpresa, este se recusou.

Temendo aparecer sozinho diante do rei, ele pediu a seu segundo amigo para acompanhá-lo. Este lhe disse que o acompanharia até a porta do palácio, mas não entraria.

Então ele se dirigiu ao que era apenas um conhecido, e para sua surpresa, este lhe disse:

– Eu entendo sua situação e estou pronto para acompanhá-lo e ajudá-lo. Não se preocupe, iremos juntos, e quando chegarmos lá, eu vou defender o seu caso.

Os três amigos daquele homem são iguais aos três amigos que toda pessoa tem na vida: seu dinheiro, sua família e suas boas ações.

Dinheiro muitas vezes constitui uma prioridade na vida humana e parece ser sua preocupação constante; é, portanto, seu melhor amigo.

A família é como o segundo amigo: embora colocada muitas vezes em segundo lugar nas preocupações do homem, os membros da família o amam e gostariam de ajudá-lo de qualquer maneira. Mas eles só podem acompanhá-lo até o túmulo.

O terceiro amigo, com o qual a maioria dos homens mantém um relacionamento distante, representa a caridade e as boas ações, que testemunharão em seu benefício, mesmo após o término da vida.

Tempo

Na vida moderna, as tarefas cotidianas demandam tanta atenção das pessoas, que não sobra tempo para avaliarem o que estão fazendo e refletirem sobre sua vida, seus objetivos e propósitos, nem sobre sua própria identidade.

Muitas pessoas só fazem esse tipo de avaliação quando enfrentam uma grave crise ou quando se aposentam. Elas correm o risco de se deprimirem ao perceber que realizaram poucas coisas substanciais e duradouras, principalmente se tiverem a consciência de que, em função da idade ou de uma doença, o tempo que lhes resta para colocar mudanças em prática será uma pequena fração do tempo total de sua vida.

Do ponto de vista espiritual, entretanto, é possível alcançar o propósito da vida terrena em um breve momento, que é chamado, por exemplo, de arrependimento ou despertar espiritual.

Buscamos esse momento transcendente quando afirmarmos: "Hoje é o primeiro dia de minha nova vida". E mais: essa afirmação reforça o fato de que esse "despertar" pode ocorrer a qualquer momento. Despertar que constitui a única forma de tornar transcendente o uso do tempo, que é o recurso à nossa disposição que não pode ser emprestado nem comercializado.

Porém, nosso tempo pode ser doado quando optamos por compartilhá-lo voluntariamente com outras pessoas. Quando tomamos essa atitude em prol do "despertar" de outras pessoas participando de irmandades ou grupos de apoio mútuo, provavelmente estamos exercendo uma das formas mais nobres de espiritualidade e que está ao alcance de qualquer indivíduo.

O carpinteiro que ia se aposentar

Texto de autor desconhecido.

Depois de décadas de trabalho, um velho carpinteiro estava prestes a se aposentar. Ele conversou com seu chefe, comunicando-lhe seus planos de deixar o serviço de carpintaria e de construção de casas para poder viver uma vida mais calma com sua família. Ele estava ciente que teria redução nos seus rendimentos, mas tinha a certeza de que precisava se aposentar.

O dono da empresa, sabendo que perderia um de seus melhores empregados, resolveu aceitar o pedido, mas solicitou ao carpinteiro um favor especial: que ele construísse uma última casa antes de se aposentar.

O carpinteiro concordou, mas com o passar dos dias, era visível que nem sua mente nem seu coração estavam presentes no trabalho que desenvolvia. Ele não se empenhou no serviço, utilizou mão de obra e matéria-prima de qualidade inferior e construiu uma casa de padrão muito inferior a todas as outras que já havia construído.

Quando terminou o trabalho, o dono da empresa foi inspecionar a obra, e entregando a chave da porta principal ao carpinteiro, disse-lhe:

– Esta é a sua casa, é meu presente para você!

O carpinteiro ficou chocado e envergonhado, pois se soubesse que estava construindo sua própria casa, teria feito o trabalho de forma completamente diferente.

Agora ele iria morar numa casa construída por um profissional "relaxado".

Muitas vezes acontece o mesmo conosco: construímos nossas vidas de maneira distraída, reagindo mais do que agindo, desejando colocar menos do que o melhor. Não empenhamos nosso melhor esforço sequer nos assuntos importantes.

Então, em choque, olhamos para a situação que criamos e vemos que estamos morando na casa que construímos. Se soubéssemos disso, teríamos feito diferente.

Pense em você como um carpinteiro. Pense sobre sua casa. Cada dia você martela um prego novo, coloca uma armação ou levanta uma parede. Construa sempre sabiamente, porque não nos é permitido voltar atrás no tempo para consertar!

Até mesmo se você souber que só tem mais um dia de vida, esse dia merece ser vivido graciosamente e com dignidade.

Nossa vida de hoje é o resultado das atitudes e escolhas feitas no passado. Nossa vida de amanhã será o resultado das atitudes e escolhas que fizermos hoje.

Autor desconhecido

Hoje é o primeiro dia de minha nova vida!

Amor-Exigente

Solidariedade

Para seu pleno desenvolvimento, cada ser humano precisa conviver, de forma sadia, dentro de uma comunidade: trata-se da base da civilização humana iniciada há alguns milênios, baseada na agricultura.

Normas de conduta tais como "Não faça aos outros aquilo que não gostaria que fizessem a você" e "Amarás ao próximo como a ti mesmo" foram incorporadas ao texto bíblico.

Elas nos lembram como é importante fazer apenas as coisas certas pelos outros, baseadas no amor-próprio ou autoestima.

> *Para* amar bem ao próximo é indispensável
> amar bem a nós mesmos primeiro!

Somos lembrados disso toda vez que afirmamos que, para poder ajudar os outros, precisamos estar bem.

Primeiro coloque a sua máscara de oxigênio!

Texto inspirado em relatos orais ouvidos no Amor-Exigente.

Ao viajar de avião, você já deve ter ouvido esta frase: "Passageiros, ao viajarem com alguém que necessita de ajuda, coloquem suas máscaras de oxigênio primeiro para, em seguida, auxiliá-lo".

Você sabe a razão dessa importante medida de segurança? É simples... Como você poderá ajudar alguém em uma situação de emergência, se você não estiver protegido? Se não conseguir respirar, se estiver sofrendo da mesma forma?

Temos uma grande vontade de querer ajudar os outros, sem primeiro cuidar de nós mesmos. As intenções podem ser boas, mas os resultados podem ser sofríveis.

Se os seus objetivos forem vagos, eles não contribuirão para a sua felicidade. Em *Alice no país das maravilhas*, de Lewis Carroll, Alice perguntou ao Gato por qual caminho deveria seguir. Este lhe perguntou para onde ela queria ir. Ao responder-lhe que não sabia aonde queria chegar, o Gato afirmou: "Neste caso, qualquer caminho serve..."

Quando você passa a tomar conta de si mesmo, levando em consideração os seus talentos naturais, está utilizando e aperfeiçoando diariamente os seus pontos fortes. Isso minimiza o impacto das "sombras" e os danos que elas podem causar.

É preciso desconstruir crenças limitadoras e criar novas, mais fortes, que nos impulsionam para frente.

Cuidar de nós mesmos é parte desse processo. Porque, quando estamos bem, é fácil saber o que pode ser feito para ajudar as outras pessoas!

Responsabilidade social

Quando a capacidade de ajudar os outros transborda do indivíduo e de seu núcleo familiar para o grupo ou a comunidade em que estão inseridos isso se transforma em "responsabilidade social".

Essa modalidade não se estende apenas às empresas, por exemplo, mas vai além, atingindo governos, ONGs, imprensa etc.

Entretanto, essa responsabilidade deve ser exercida de forma permanente, e não apenas se limitando às ocasiões de desastre, como ocorre, por exemplo, com campanhas de ajuda a desabrigados por chuvas, enchentes ou incêndios de grande porte.

A grande maioria das pessoas procura os grupos de ajuda visando a reconstrução da harmonia e da felicidade em suas próprias vidas e em suas famílias.

Por outro lado, é importantíssimo o empenho de todos para que, na medida das possibilidades individuais, possamos ajudar a viver em cidades mais limpas e verdes, com menos violência e com menos abusos de toda ordem.

Em resumo, responsabilidade social é o comportamento solidário que considera a qualidade de vida de toda a sociedade.

As cinco direções cardeais

Texto de autor desconhecido.

Ao estudar geografia aprendemos que nos mapas há **quatro direções** cardeais: norte, sul, leste e oeste.

Entretanto, ao longo de sua vida, toda pessoa deve olhar em **cinco direções**:

1) Para frente, para saber aonde vai.
2) Para trás, para se lembrar de onde vem.
3) Para baixo, para não pisar em ninguém.
4) Para os lados, para ver quem lhe acompanha nos momentos difíceis.
5) Para cima, para saber que sempre há alguém olhando e cuidando.

Sobriedade

O caminho espiritual apontado pela Oração da Serenidade é benéfico para todos os frequentadores dos grupos de apoio que a utilizam, porque ela serve como ferramenta para nos **guiar no caminho da abstinência** para a sobriedade.

A abstinência é a exclusão total de uma compulsão da vida de uma pessoa. Há muitos tipos de compulsão; ela pode ser voltada ao uso de algum tipo de substância psicoativa ou a um determinado comportamento, incluindo a compulsão por jogos, por sexo ou pelo controle do comportamento de outras pessoas, tão frequentemente presente nos codependentes e naqueles que convivem com pessoas compulsivas.

Já a **sobriedade** é o reconhecimento, entendimento e **aceitação da necessidade de se fazer mudanças no próprio comportamento** para conseguir uma vida plena, em todas as áreas.

Ou seja, sobriedade não é simplesmente deixar de usar ou fazer algo que nos prejudica, mas ter **uma nova maneira de viver vinte e quatro horas por dia...** Só por hoje e para sempre!

Sobriedade é uma forma de viver em **equilíbrio** entre todos os aspectos da vida. Esse equilíbrio é fundamental para todas as pessoas, independentemente de sua condição social, sua origem étnica, suas crenças religiosas ou qualquer outro critério de classificação.

Tudo o que é demais sobra.

Ditado popular

Em nossa vida, muitas vezes nos sobram coisas como **sono, comilança, cobiça, vazio existencial, vazio afetivo, desespero** e **falta de sentido para nossa vida**. Excessos como estes são prejudiciais não apenas à nossa saúde física ou biológica, mas também para nossa saúde psicológica, social e espiritual.

Sobriedade, portanto, não é apenas sabedoria no comer e beber. Ela inclui **comedimento**, **moderação**, **equilíbrio** e **simplicidade** em todas as nossas ações.

O caminho do meio

Texto inspirado em trecho do livro
Guia dos perplexos, de Maimônides.

A busca de um caminho de vida com equilíbrio é um tema estudado e analisado há muitos séculos. Descrevemos aqui uma das ideias de um rabino da Idade Média, chamado Moisés ben Maimon. Ele nasceu em Córdoba, hoje uma cidade no sul da

Espanha, em 1135, e ficou conhecido no mundo ocidental como Maimônides.

Quando tinha apenas treze anos, sua família teve de fugir da terra natal devido à perseguição aos judeus iniciada pelo califa muçulmano que havia tomado o poder naquela cidade. Durante doze anos, sua família vagou de cidade em cidade, até se estabelecer em Marrocos, do outro lado do Mar Mediterrâneo. Ao longo desse tempo, estudou medicina, e também judaísmo, com seu pai.

Começou a escrever durante os cinco anos que permaneceu em Marrocos, mas logo depois se mudou para a capital do Egito. Lá passou a exercer a medicina, chegando a ser médico do governante da época.

Escreveu dez tratados de medicina e sete compêndios de leis e filosofia judaica, ganhando reputação internacional. Morreu em 1204 no Egito, aos 69 anos. Foi sepultado na cidade de Tiberíades, hoje localizada em Israel.

Sua grande popularidade lhe rendeu a frase elogiosa: "De Moisés até Moisés não há outro como Moisés", onde o primeiro Moisés é o das Tábuas da Lei, e o segundo, o próprio Maimônides.

Em sua obra filosófica buscou harmonizar religião, filosofia e ciência, tendo importante influência sobre outros pensadores, notadamente Santo Tomás de Aquino.

No seu texto *Leis das qualidades do comportamento humano*, ele analisa os comportamentos das pessoas. Segue um resumo das ideias apresentadas:

- Começamos observando que algumas pessoas estão constantemente irritadas, enquanto outras possuem um temperamento passivo e dificilmente ficam com raiva.
- Que algumas pessoas são muito orgulhosas, enquanto outras são muito submissas.
- Que algumas pessoas nunca ficam satisfeitas, independentemente da quantidade de prazeres que vivenciam, enquanto outras possuem um coração tão puro que sequer almejam o prazer mínimo de que nosso corpo precisa.

- Há pessoas que se privam de comida e poupam tudo o que podem, e há aquelas que desperdiçam todo o seu dinheiro de forma consciente.
- Há pessoas cruéis e outras compassivas.
- Há pessoas covardes e outras imprudentes.

E assim poderíamos analisar muitos outros comportamentos, identificando seus extremos.

Para cada conduta existe sempre um comportamento intermediário, equidistante de ambos os extremos. Por exemplo:

- Não devemos ficar com raiva facilmente, mas não devemos agir como um morto que não sente nada; devemos sim ficar chateados com os desgostos, mas não devemos alimentar sentimentos de raiva.
- Não devemos trabalhar até desfalecer nem ser totalmente ociosos, mas trabalhar para obter o necessário para sobreviver.
- Não devemos economizar demais nem desperdiçar dinheiro, mas fazer caridade de acordo com nossas possibilidades.
- Não devemos levar uma vida hedonista, mas também não devemos ser tristes nem apáticos; devemos, porém, ser alegres, tranquilos e gentis.

E assim ocorre com várias outras qualidades do comportamento.

Esta é a essência do chamado "caminho do meio", proposto por Maimônides. Ao aproximar conscientemente nosso comportamento deste "caminho do meio", cada um de nós se torna uma pessoa cada vez mais sóbria.

XI
Epílogo

Os conhecimentos embutidos na Oração da Serenidade nos desafiam a um processo de aperfeiçoamento constante, num ambiente muitas vezes difícil.

Pensadores famosos das mais diversas épocas e culturas cunharam frases ilustres que nos lembram disso, mediante analogias com o mundo físico.

> Você não pode mudar o vento, mas você pode ajustar as velas do barco para chegar onde quer.
>
> *Confúcio (551-479 a.C.)*

> A vida é como andar de bicicleta. Para se manter equilibrado é preciso estar em movimento.
>
> *Albert Einstein (1879-1955)*

> Ninguém tropeça enquanto está deitado na cama!
>
> *Provérbio japonês*

Ao mesmo tempo, esse caminho de aperfeiçoamento tem que ser palpável, na forma de melhoria da qualidade de nossas ações.

Para ilustrar isso resgatamos a história de Jeff Foster, nascido em 1980 em Londres. Após concluir de forma brilhante a educação fundamental, ele ingressou no Curso de Astrofísica na renomada Universidade de Cambridge.

Porém, ao longo do curso superior foi atormentado por sentimentos de desespero e solidão, o que o levou a sofrer com doenças físicas e um colapso psíquico. Ele estava convencido de que iria morrer.

Voltou a viver com seus pais e se dedicou a ler e estudar espiritualidade, como forma de alívio para a sua depressão. Após um ano de estudos, esse processo levou-o ao que ele entendeu ser um despertar espiritual, que o motivou a escrever o livro *Life Without a Center* (publicado pela Non-Duality Press em 2006, e ainda sem tradução para o português).

A partir daí, foi convidado a realizar pequenos encontros, que o motivaram a escrever vários outros livros, e iniciou a carreira de "guru espiritual".

Concluímos com um alerta ao leitor, para que evite o erro de apenas adotar um discurso espiritualizado, que não se reflita de forma prática nas ações do dia a dia, com um texto em formato de poema adaptado do material de Jeff Foster.

Quem é você sem sua história espiritual?

> Por favor, não me fale de "Presença Pura"
> ou de "estabelecer-se no Absoluto".
> Quero ver como você trata seu companheiro,
> suas crianças, seus pais, seu precioso corpo.
>
> Por favor, não me dê uma aula
> sobre "a ilusão do eu separado"
> ou como conquistar a iluminação
> permanente em apenas sete dias.

Quero sentir o genuíno calor irradiando do seu coração.
Quero ouvir quão bem você ouve,
como recebe informação
que não se encaixa na sua filosofia pessoal.
Quero ver como você lida
com as pessoas que discordam de você.
Não me fale quão iluminado você é,
nem quão livre você está do seu ego.
Quero conhecer você por trás das palavras.
Quero conhecer você quando os problemas chegam.
Se você consegue permitir totalmente a sua dor
e não finge ser invulnerável.
Se você consegue sentir sua raiva sem apelar à violência.
Se você consegue dar passagem segura
à sua tristeza sem ser escravo dela.
Se você consegue sentir sua vergonha
e não envergonhar os outros.
Se você consegue estragar tudo, e admitir que estragou.
Se você pode dizer "desculpe"
e realmente querer pedir desculpas.
Se você consegue ser
totalmente humano em sua gloriosa divindade.
Não me fale sobre sua espiritualidade, amigo.
Realmente não estou interessado.
Eu só quero encontrar VOCÊ.
Conhecer seu precioso coração.
Conhecer o lindo ser humano lutando pela luz.
Antes do "ser espiritual".
Antes de todas as palavras inteligentes.

Leia outro livro!

Estamos nesta vida para viver inúmeras experiências, e se continuarmos sempre voltando às mesmas páginas, deixamos de ler outros livros maravilhosos que só estão aguardando por uma chance para entrar em nossas vidas.

Por isso, vire a última página sem dor no coração e pegue o próximo livro. Surpresas maravilhosas estarão te esperando. Basta você abrir o livro e começar a ler esse novo capítulo da sua vida.

Apêndice A
Espiritualidade e ateísmo

A ciência médica moderna já confirmou que a espiritualidade é um dos pilares que sustentam a recuperação de dependentes e codependentes. Perguntamos então: Se o indivíduo que busca a recuperação for ateu, como ele pode praticar a espiritualidade?

Responder a esta questão pode ser extremamente difícil para quem segue uma religião específica, principalmente quando essa religião considera "herege" quem duvida ou não acredita nela.

Entretanto, é notável destacar que o "Programa de Doze Passos" dos Alcoólicos Anônimos (adotado pelos demais grupos de Anônimos), assim como os Princípios do Amor-Exigente, busca manter a espiritualidade ao mesmo tempo em que omite rituais religiosos específicos de qualquer natureza.

No caso do Amor-Exigente há uma busca explícita pela espiritualidade pluralista, que busca incluir todas as pessoas, independentemente de suas crenças religiosas. E essa definição obviamente inclui aqueles que não creem na existência de um Poder Superior.

Ainda assim, os membros dos grupos de apoio estão entre as pessoas que possuem os mais sinceros sentimentos e um alto nível de altruísmo, que leva, por exemplo, homens e mulheres a aceitarem, de bom grado, serem acordados no meio da noite para saírem e ajudarem um companheiro adicto em dificuldades.

Por isso, concordamos com Twerski, que em seu livro *Vencedores viciados – O vício não escolhe vítimas*, afirma que **mesmo pessoas sem qualquer filiação religiosa também podem ser muito espirituais.**

A forma mais simples de aplicar esta afirmação na prática é obtida quando focamos no conjunto das características singulares do ser humano, e que o distingue dos animais, até mesmo dos considerados "mais inteligentes".

Estas características são:

1) Aprender através da sua história.
2) Refletir sobre a finalidade da própria existência.
3) Pensar em melhorar.
4) Fazer mudanças saudáveis.
5) Considerar as consequências de suas próprias ações.
6) Saber esperar pela recompensa.
7) Tomar decisões morais e livres.

Nenhum animal possui alguma dessas capacidades. E são exatamente elas que são reforçadas como parte do comportamento desejável, tanto no "Programa de Doze Passos" dos grupos Anônimos como nos princípios básicos e éticos do Amor-Exigente.

Observamos que, quando uma pessoa crê na existência de um Poder Superior, ela pode acreditar que o espírito, ou alma ou transcendência tenham sido instilados no ser humano por esse Poder Superior.

Já um ateu pode acreditar que essas aptidões relacionadas acima passaram a fazer parte das capacidades do ser humano em seu processo evolutivo, conforme descrito e aceito pelas ciências biológicas. Assim, um "ateu espiritual" é simplesmente uma pessoa que exerce conscientemente essas aptidões humanas singulares.

Concluindo, **a espiritualidade nada mais é do que fazer o máximo possível com nossa singularidade humana**, independentemente de acreditarmos que ela seja uma dádiva do Poder Superior, resultado da evolução das espécies ou que tenha qualquer outra origem, natural ou sobrenatural.

É muito importante observar que a espiritualidade é negligenciada tanto pelos "adictos ativos" como por muitos codependentes. Assim, a recuperação desses indivíduos exige a retomada e a utilização diária e prática desses componentes como pré-requisito para uma sobriedade estável, independentemente de suas crenças religiosas, herdadas de seu núcleo familiar, adotadas por livre e espontânea vontade ou até inexistentes.

Apêndice B
Os limites da razão

Na história da humanidade, conhecimento, crenças religiosas e poder estiveram juntas por milênios. Reis entronados "pela graça de Deus" e guerras motivadas apenas por crenças religiosas são exemplos dessa situação histórica que durou até a Idade Média.

No Renascimento (aprox. séculos XV a XVII) iniciaram-se transformações bem-evidentes na cultura, sociedade, economia, política e religião. O surgimento do capitalismo é parte desse processo.

Porém, o maior impacto se deu nas artes, na filosofia e nas ciências, com um progressivo abrandamento da influência do dogmatismo religioso e do misticismo sobre a cultura e a sociedade, com uma concomitante e crescente valorização da racionalidade, da ciência e da natureza.

Nesse processo o ser humano foi revestido de uma nova dignidade e colocado no centro da criação, e por isso deu-se à principal corrente de pensamento desse período o nome de humanismo.

Já no século XVIII, o Iluminismo foi introduzido por filósofos como o alemão Immanuel Kant (1724-1804), que afirmava que "o Iluminismo é a saída dos homens do estado de minoridade devido a eles mesmos. Minoridade é a incapacidade de utilizar o próprio intelecto sem a orientação de outro. Essa minoridade será devida a eles mesmos se não for causada por deficiência intelectual, mas por falta de decisão e coragem para utilizar o intelecto como guia".

Essa linha filosófica se caracteriza pelo empenho em estender a razão como crítica e guia a todos os campos da experiência humana. Ela pretende "levar as luzes da razão às trevas da ignorância e do obscurantismo" por meio da extensão da crítica a toda e qualquer crença e conhecimento sem exceção; da realização de um conhecimento que, por estar aberto à crítica, inclua e organize os instrumentos de sua própria correção, e o uso efetivo do conhecimento assim atingido com o fim de melhorar a vida privada e social dos homens.

A influência do Iluminismo se estendeu na política e na reorganização do poder: a Revolução Francesa e o conceito de república, além da independência dos países americanos, são algumas das consequências do Iluminismo.

A crença na superioridade da razão foi se alastrando com o rápido desenvolvimento das ciências experimentais (Medicina, Química, Mecânica etc.), até chegar à Matemática Pura: em 1900, David Hilbert (1862-1943) apresentou, no Congresso Internacional de Matemática de Paris, um surpreendente trabalho resumindo as 23 questões da matemática que ainda estavam "em aberto", e que, se fossem resolvidas, completariam todo o escopo da matemática.

O objetivo de Hilbert era desencadear um esforço geral a fim de completar a fundamentação lógica da matemática. Ele foi bem-sucedido em desencadear esse movimento.

Os resultados, porém, foram alcançados apenas de forma parcial. Embora a maior parte das questões propostas por Hilbert em 1900 tenha sido resolvida em poucos anos, os esforços desencadeados também geraram alguns resultados surpreendentes.

Princípio da incerteza

O primeiro postulado científico a colocar em xeque a capacidade racional de explicar de forma mecanicista absolutamente tudo o que há no universo surgiu no contexto da mecânica quântica.

Em 1927, o físico alemão Werner Heisenberg (1901-1976) publicou o seu famoso "princípio da incerteza", que estabelece a existência de um limite na precisão com que certos pares de propriedades de uma dada partícula física podem ser conhecidos: "quanto menor for a incerteza na medida da posição de uma partícula, maior será a incerteza de seu momento linear, e vice-versa".

Esse resultado desafia a mecânica clássica, originada nas teorias de Newton, que, a partir do conhecimento das condições iniciais de um corpo, permite-se determinar com precisão, simultaneamente, o movimento e a posição futura dos corpos.

Embora o princípio da incerteza tenha sua validade restrita ao nível subatômico, ao inserir questões não determinísticas no campo dos experimentos científicos ele se constitui numa transformação fundamental na ciência do século XX.

Apenas quatro anos após a publicação do "princípio da incerteza", outro resultado "desconcertante" foi publicado pelo matemático austríaco Kurt Gödel (1906-1978).

Esse resultado, conhecido como Teorema da Incompletude, talvez seja o mais surpreendente e mais comentado resultado matemático da história recente, ao mesmo tempo em que está entre os mais difíceis de compreender e se prestar a discussões filosóficas acaloradas.

O conceito de "paradoxo" é fundamental para sua compreensão.

Após quase seis mil anos de aplicação da razão pela humanidade, era de esperar que as "verdades" descritas pelos postulados matemáticos não gerassem paradoxos.

Paradoxos

Um paradoxo é uma declaração aparentemente verdadeira, mas que leva a uma contradição lógica ou contradiz a intuição comum. A identificação de paradoxos auxiliou o progresso da ciência, filosofia e matemática em diversos momentos da história.

A origem da palavra paradoxo vem do latim e do grego: o prefixo "para" quer dizer "contrário a", "alterado" ou "oposto de", enquanto o sufixo "doxa" quer dizer opinião. Outras palavras com a mesma raiz são "ortodoxo" e "heterodoxo".

Na filosofia moral, os paradoxos possuem um papel central nos debates sobre a ética. Por exemplo, a máxima "Amar o seu próximo" não apenas contrasta, mas está em contradição com um "próximo" armado tentando ativamente matar você: se ele for bem-sucedido, você não será capaz de amá-lo. Mas atacá-lo antes que ele ataque ou restringir sua ação não é usualmente entendido como algo amoroso.

O paradoxo de Sevilha

Inspirado em texto de Bertrand Russell.

Na cidade de Sevilha há apenas um homem barbeiro. Todos os homens de Sevilha se mantêm bem-barbeados. Eles fazem isso apenas de uma destas duas maneiras: ou eles se barbeiam ou frequentam o barbeiro.

Então sabemos que o barbeiro de Sevilha é o homem da cidade que faz a barba de todos aqueles homens que não se barbeiam.

Pergunta-se então: Quem barbeia o barbeiro?

Esta questão leva a um paradoxo porque ele pode ser barbeado, como todos os homens da cidade, por ele mesmo, ou pelo barbeiro (que passa a ser ele mesmo).

No entanto, nenhuma dessas duas possibilidades é válida. Aplicando as condições mutuamente excludentes dadas no primeiro parágrafo, podemos concluir que se o barbeiro barbeia a si mesmo, então o barbeiro (ele mesmo) não deve barbear a si mesmo. E se o barbeiro não se barbeia, então o barbeiro deve barbeá-lo, que é ele mesmo!

Seguindo qualquer raciocínio lógico, chegamos a uma contradição!

Teorema da Incompletude

No final do século XIX, com todo o sucesso das matemáticas do século XVIII, capaz de seguir e até mesmo de prever a natureza, os matemáticos tinham a certeza de que a matemática era livre de contradições, mas lhes faltava a demonstração formal.

O grande mérito do trabalho de Gödel é ter mostrado que a **aparição de paradoxos na matemática clássica é inevitável**.

Para ser mais preciso, Gödel demonstrou, usando a própria lógica matemática, que, dentro de qualquer teoria matemática, desde que ela seja grande o suficiente para conter a aritmética tradicional, tão útil à sociedade humana, é possível formular afirmações para as quais não é possível se demonstrar nem que são verdadeiras nem que são falsas.

As afirmações não demonstráveis dentro da sua própria teoria são chamadas de "indecidíveis". Sua existência não é apenas a condição necessária para não introduzir paradoxos nas teorias matemáticas, mas a origem do nome "incompletude"; uma teoria "completa" permitiria que todo enunciado criado dentro dela pudesse ser avaliado verdadeiro ou falso dentro dessa própria teoria.

A conclusão surpreendente de Gödel não elimina a possibilidade de que algum argumento externo ao sistema permita provar a consistência da aritmética. Gödel apenas provou que o sistema da aritmética não é capaz de provar a sua própria consistência.

Bibliografia comentada

A citação das referências bibliográficas a seguir pretende não apenas indicar e homenagear as "fontes das quais bebemos" na elaboração deste texto, mas servir como ponto de partida para aqueles leitores que quiserem se aprofundar no estudo dos temas aqui apresentados.

Para facilitar esta tarefa, não apenas citamos as referências, mas acrescentamos a cada uma um breve comentário, que é de total responsabilidade do autor.

ALCOHOLICS ANONYMOUS. *Box 459* [boletim de notícias trimestral produzido pelo escritório central de Alcoólicos Anônimos nos Estados Unidos].
O nome desse boletim deriva do endereço de correspondência do escritório central de Alcoólicos Anônimos, que é a Caixa Postal 459. Os boletins originais em inglês estão disponíveis em www.aa.org/pages/en_US/box-4-5-9-news-and-notes-from-gso e são traduzidos pelos grupos de Alcoólicos Anônimos em diversos países, inclusive no Brasil. Além do conteúdo institucional, esse boletim frequentemente aborda a própria história de Alcoólicos Anônimos.

AUROBINDO, S. *Letters on Yoga*. Vol. II [publicado como vol. 29 das obras completas pelo Sri Aurobindo Ashram Trust, 2013. Publicado na Índia, 522 p.].
Esse livro é parte de um grupo de quatro volumes, que procura resumir todo o pensamento do autor de forma estruturada. Disponível apenas em inglês. Trata-se de uma leitura bastante densa.

DE MELO, M. *A coragem de crescer*. 2. ed. Ed. Ágora, 2013, 192 p.
Esse texto trata de questões fundamentais da psicologia e da vida com exemplos reais colhidos pela autora, psicoterapeuta experiente, em sua prática analítica e na vivência pessoal. Sua referência principal é o trabalho com os sonhos como ferramenta de

cura. Através de uma narração que mescla histórias da sua infância, fatos vividos no seu cotidiano e processos de tratamento com seus pacientes, a autora sinaliza para uma técnica terapêutica que inclui envolvimento, afetividade, ética e uma postura de nada julgar e ouvir verdadeiramente o relato do outro, ajudando-o assim a recuperar a sua autoestima.

KARDEC, A. *A gênese, os milagres e as predições segundo o espiritismo.* Federação Espírita Brasileira, 1944, com dezenas de edições posteriores, 409 p. [trad. do original intitulado *La Genèse, les miracles et les predictions selon le spiritisme.* Publicado em 1868 na França].
Allan Kardec é o fundador do espiritismo. Na introdução desse livro ele escreveu: "Esta nova obra é mais um passo dado para as consequências e aplicações do espiritismo. Conforme seu título o indica, tem ela por objeto o estudo dos três pontos até hoje diversamente interpretados e comentados: a gênese, os milagres e as predições em suas relações com as novas leis que decorrem da observação dos fenômenos espíritas. Dois elementos, ou, se quiserdes, duas forças regem o universo: o elemento espiritual e o material. Da ação simultânea desses dois princípios nascem fenômenos especiais, naturalmente inexplicáveis, desde que se abstraia de um deles, do mesmo modo que a formação da água seria inexplicável, se se abstraísse de um dos seus elementos constituintes: o oxigênio e o hidrogênio. Demonstrando a existência do mundo espiritual e suas relações com o mundo material, o espiritismo fornece o esclarecimento de uma imensidade de fenômenos incompreendidos e considerados; por isso mesmo, inadmissíveis, por certa classe de pensadores".

PRATHER, H. *A arte da serenidade.* Ed. Sextante, 2008, 110 p. [trad. do original intitulado *Shining Through*, publicado em 2004 nos Estados Unidos].
Hugh Prather é ministro da Igreja Metodista Unida, nos Estados Unidos, e autor de diversos livros de autoajuda baseados na espiritualidade. Nesse livro ele diz que "a serenidade afasta o medo e o conflito ao resgatar nossa disposição para ver além das aparências. Os pensamentos e exercícios desse livro incitarão você a se tornar sereno e sincero, de modo que possa enxergar com clareza as bases da felicidade". Ao longo da obra ele propõe uma série de exercícios para permitir introjetar a serenidade, baseados em suas crenças.

ST. ROMAIN, P. *Oração da serenidade.* Verus Ed., 2000, 112 p. [trad. do original intitulado *Reflecting on the Serenity Prayer*, publicado em 1997 nos Estados Unidos].
Philip St. Romain é um dominicano que, nesse texto, propõe exercícios de reflexão para que o leitor trilhe o caminho do autoconhecimento e estabeleça um contato estreito com Deus, baseado na fé cristã. Cada capítulo do livro foi intitulado com uma frase da oração, e analisa também as atitudes que cada um adota em seu dia a dia. O autor convida o leitor "a um mergulho interior com o objetivo de encontrar seu verdadeiro eu e, como consequência, aceitar o outro como ele é. Mais do que isso:

revela que a oração, a confiança e a esperança em Deus proporcionam a serenidade, tão desejada por todos".

TWERSKI, A. *Façamos o homem*. Ed. Colel Torat Menachem, 2005, 230 p. [trad. do original *Let us make man*, publicado em 1987 nos Estados Unidos].
Abraham Twerski é um psiquiatra especialista em dependência química, nascido numa tradicional família de rabinos que emigraram da Ucrânia para os Estados Unidos. Nesse livro ele foca na autoestima, traço da personalidade frequentemente enfraquecido em dependentes químicos e em codependentes, combinando seu conhecimento religioso com os aspectos terapêuticos.

TWERSKI, A. *Vencedores viciados*. Ed. Maayanot, 2001, 225 p. [trad. do original *Substance-abusing high achievers*, publicado em 1998 nos Estados Unidos].
Abraham Twerski é um psiquiatra especialista em dependência química, nascido numa tradicional família de rabinos que emigraram da Ucrânia para os Estados Unidos. Inicia esse livro focando na negação da dependência, que é o sintoma mais proeminente de indivíduos que têm problemas com abuso de álcool e outras substâncias psicoativas. A negação é reforçada pelo medo de que o reconhecimento e o tratamento possam comprometer o *status* profissional e pela crença equivocada de que a superioridade intelectual se constitui numa proteção contra a perda de controle. Empreendedores, médicos, advogados, executivos de empresas, clérigos, enfermeiros e professores são particularmente vulneráveis. Alguns deles se tornam "vencedores" a fim de compensar sentimentos de inadequação e indignidade que quase sempre existem no abusador de substâncias, antes do início do abuso.

VICENZI, L. *Coragem para evoluir*. 3. ed. Ed. Ediatres, 2011, 188 p.
Nesse livro o autor faz uma análise dos fatores humanos que influenciam na tomada de decisões pessoais, mostrando que o presente e futuro de cada pessoa são construídos a partir dos seus esforços, e que a falta de coragem para assumir as rédeas da evolução faz muitas pessoas preferirem sonhar com um acontecimento favorável do destino, ao invés de enfrentarem a realidade. Ele propõe a coragem de desafiar paradigmas em busca de soluções criativas, baseada no raciocínio aberto, lógico e científico. Diz o autor: "sem inteligência e coragem não há evolução".

Índice

Sumário, 5
Prefácio, 7
Apresentação, 9
Introdução, 11
Agradecimentos, 13
    Anedotas, histórias, parábolas, fábulas, 14
    Frases em destaque, 14
I – Origens e autoria da Oração da Serenidade, 15
II – A Oração da Serenidade, 20
    Início da oração, 20
        🕯 A assembleia das ferramentas, 21
    A parte central da oração, 23
        🕯 O que é uma oração?, 23
    Final da oração, 24
        🕯 A lição das brasas, 25
    As sete chaves, 27
III – Serenidade, 28
    Serenidade e psicologia, 29
        🕯 A receita da felicidade "real", 30
    Serenidade e o Poder Superior, 31
    Serenidade e medos, 32
    A causa dos males, 33
    Os males segundo o espiritismo, 35
        🕯 Qual lobo você quer alimentar?, 37
    Os males e Carl Jung, 37

IV – Aceitação, 40
   Aceitação não é conformismo, 41
      🕯 Seja como uma aranha, 42
      🕯 A vida é como o mar, 44
      🕯 Cuidado com os vendedores de ilusões!, 45
V – Coragem, 46
   Coragem como antídoto à incerteza, 47
      🕯 Dança do ventre sem braço, 49
   Como desenvolver a coragem, 50
      🕯 Coragem de buscar o eu essencial, 52
VI – Sabedoria, 54
      🕯 Médicos sábios, 55
   Até com as formigas, 56
      🕯 As formigas e o trabalho, 57
      🕯 As formigas podem, nós queremos?, 58
      🕯 Sabedoria coletiva, 59
      🕯 Organização e disciplina, 60
      🕯 Cooperação como fonte de inteligência coletiva, 60
   Persistência, teimosia e resiliência, 61
      🕯 A vida é uma grande forja, 62
      🕯 Não desista!, 63
      🕯 Persistência: formigas x humanos, 64
   Sabedoria: uma utopia?, 64
      🕯 Nunca é tarde para aprender – Um tributo a Kimani Maruge, 66
VII – Força, 68
   Autocontrole, 69
      🕯 Por que os navios afundam?, 69
      🕯 O veneno da serpente, 71
   Exercícios para desenvolver o autocontrole, 72
   Autodomínio yogui, 72
      🕯 A importância do silêncio, 75
VIII – Fé, 78
      🕯 A anedota dos vadios, 79
   Razão e fé, 80
   Fé além da razão, 81

Cientistas rezam?, 82
Crianças e sentimentos, 83
IX – Alegria, 84
   Alegria e autoestima, 86
   Alegria e gratidão, 87
      A alegria de servir, 88
   Alegria e esperança, 89
X – Além da Oração da Serenidade, 91
      As quatro leis da espiritualidade hinduísta, 91
   Humildade, 92
      Razões para sermos humildes, 95
   Honra, 96
      Na última fila, 96
   Riqueza, 97
      O verdadeiro sucesso: Steve Jobs ou Bill Gates?, 98
      Os três amigos do homem, 99
   Tempo, 100
      O carpinteiro que ia se aposentar, 101
   Solidariedade, 103
      Primeiro coloque a sua máscara de oxigênio!, 103
   Responsabilidade social, 104
      As cinco direções cardeais, 105
   Sobriedade, 105
      O caminho do meio, 106
XI – Epílogo, 109
   Quem é você sem sua história espiritual?, 110
      Leia outro livro!, 112
Apêndice A – Espiritualidade e ateísmo, 113
Apêndice B – Os limites da razão, 116
   Princípio da incerteza, 117
   Paradoxos, 118
      O paradoxo de Sevilha, 119
   Teorema da Incompletude, 119
Bibliografia comentada, 121

CULTURAL

Administração
Antropologia
Biografias
Comunicação
Dinâmicas e Jogos
Ecologia e Meio Ambiente
Educação e Pedagogia
Filosofia
História
Letras e Literatura
Obras de referência
Política
Psicologia
Saúde e Nutrição
Serviço Social e Trabalho
Sociologia

CATEQUÉTICO PASTORAL

Catequese
  Geral
  Crisma
  Primeira Eucaristia

Pastoral
  Geral
  Sacramental
  Familiar
  Social
  Ensino Religioso Escolar

TEOLÓGICO ESPIRITUAL

Biografias
Devocionários
Espiritualidade e Mística
Espiritualidade Mariana
Franciscanismo
Autoconhecimento
Liturgia
Obras de referência
Sagrada Escritura e Livros Apócrifos

Teologia
  Bíblica
  Histórica
  Prática
  Sistemática

REVISTAS

Concilium
Estudos Bíblicos
Grande Sinal
REB (Revista Eclesiástica Brasileira)

VOZES NOBILIS

Uma linha editorial especial, com importantes autores, alto valor agregado e qualidade superior.

VOZES DE BOLSO

Obras clássicas de Ciências Humanas em formato de bolso.

PRODUTOS SAZONAIS

Folhinha do Sagrado Coração de Jesus
Calendário de mesa do Sagrado Coração de Jesus
Agenda do Sagrado Coração de Jesus
Almanaque Santo Antônio
Agendinha
Diário Vozes
Meditações para o dia a dia
Encontro diário com Deus
Guia Litúrgico

CADASTRE-SE
www.vozes.com.br

EDITORA VOZES LTDA.
Rua Frei Luís, 100 – Centro – Cep 25689-900 – Petrópolis, RJ
Tel.: (24) 2233-9000 – Fax: (24) 2231-4676 – E-mail: vendas@vozes.com.br

UNIDADES NO BRASIL: Belo Horizonte, MG – Brasília, DF – Campinas, SP – Cuiabá, MT
Curitiba, PR – Fortaleza, CE – Goiânia, GO – Juiz de Fora, MG
Manaus, AM – Petrópolis, RJ – Porto Alegre, RS – Recife, PE – Rio de Janeiro, RJ
Salvador, BA – São Paulo, SP